(ㅏ) 한국어문회 주관
ㅏ자능력검정회 시행

합격, 실력ㅂ

한자漢字

능력검정시험

〈최신 개정판〉

조규남 엮음

- 핵심정리장
  (자원풀이 포함)
- 쓰기장
- 예상문제

8급

태평양저널

조 규 남 (曺 圭 南)

성균관대학교 문과대학 한문학과 졸업
성균관대학교 대학원 졸업(한문교육전공)
민족문화추진회 국역연수부 졸업
대한민국 미술대전 서예부문 입선(미협)
추사김정희선생추모 전국휘호대회 초대작가
소사벌서예대전 초대작가
도원서예 원장
성균관대학교 강사(「금석서예」 지도)
원광대학교 초빙교수

합격보장 자원풀이 **한자능력 검정시험 8급**

2025년 1월 20일 초판 1쇄 인쇄
2025년 1월 25일 초판 1쇄 발행
엮은이 : 조 규 남
펴낸이 : 박 종 수
펴낸곳 : 태평양저널.(서울특별시 영등포구 신길5동 340)
공급처 : (유)한국영상문화사
전 화 : (02)834-1806
팩 스 : (02)834-1802
등 록 : 1991. 5. 3.(제2017-000030)

ⓒ 조규남2007

정가 7,000원

ISBN 979-11-988353-2-1

감 수 문 (監 修 文)

우리나라는 한자문화권에 속해 있다.

우리는 수천 년 동안 한자(漢字)와 더불어 생활해왔기 때문에 한자는 알게 모르게 우리의 생활 깊숙이 들어와 있다. 한자가 비록 외국의 문자이긴 하지만 우리 민족은 한자를 맹목적으로 받아들인 것이 아니고 한자를 이용하여 우리의 문화를 풍부하게 하는 슬기를 발휘하였다. 지금 우리들에게 남겨진 찬란한 민족문화의 유산이 바로 그것이다. 그러므로 우리는 좋든 싫든 한자를 떠날 수 없게 되어 있다.

그동안 파행적인 어문정책으로 인하여 학생들의 한자학습에 커다란 어려움을 겪기도 하였으나, 근년에 한자학습의 필요성이 새롭게 인식되어 그 열기가 전국적으로 확산되고 있는 것은 늦은 감이 있으나마 지극히 다행스러운 일이다. 특히 초등학교 학생들의 학습 전반에 걸쳐 한자가 차지하는 비중은 거의 절대적이라 할 수 있다. 각 교과목에 나오는 학습용어(學習用語)들이 대부분 한자어로 되어 있어 한자를 익히면 내용의 절반 이상을 저절로 이해할 수 있기 때문이다. 더구나 표의문자(表意文字)인 한자의 특성상 한자학습은 학생들의 사고력을 증진시키고 조어력(造語力)을 향상시킨다. 또한 이 어지러운 시대에 한자학습은 학생들의 인성교육(人性教育)에도 커다란 공헌을 하고 있다.

이러한 시대적 요구에 부응하여 조규남군이 이 책을 편찬한 것은 참으로 훌륭한 일이라 하겠다. 조규남군은 성균관대학교 한문학과에서 내가 직접 가르친 제자이다. 조군은 성균관대학교 한문학과를 졸업하고 교육대학원에서 한자교육 연구로 석사학위를 취득했으며, 재능교육에서 다년간 한자 학습지 편찬을 주관하다가 뜻한 바 있어 지금은 아담한 교실을 마련하여 학생들에게 한자와 서예를 지도하고 있다. 항상 단정한 몸가짐으로 선비의 품성을 갖춘 조규남군이, 한문학과에서 공부한 한문학 지식과 대학원에서 연구한 학습이론을 바탕으로 펴낸 이 책이 한자를 공부하려는 학생들에게 등대와 같은 길잡이가 되리라는 것은 믿어 의심치 않는다.

성균관대학교 한문학과 교수 문학박사 송 재 소

◆ (사)한국어문회 전국한자능력검정시험

◆ 응시자격
모든 급수에 누구나 응시가능.

◆ 시험일정
1년에 4회 실시(인터넷 www.hangum.re.kr 및 주요 일간지 광고면 참조).

◆ 원서접수
1. 방문접수 : 각 고사장 접수처.
2. 인터넷접수 : www.hangum.re.kr 이용.

◆ 합격자 발표
시험일 한 달 뒤, 인터넷(www.hangum.re.kr)과 ARS(060-800-1100)로 발표함.

◆ **공인급수**는 1급·2급·3급·3급Ⅱ이며, **교육급수**는 4급·4급Ⅱ·5급·5급Ⅱ·6급·6급Ⅱ·7급·7급Ⅱ·8급입니다.

❖ (사)한국어문회 **전국한자능력검정시험 급수구분 및 문제유형에 따른 급수별 출제기준**

문제유형 \ 급수구분	8급	7급Ⅱ	7급	6급Ⅱ	6급	5급Ⅱ	5급	4급Ⅱ	4급	3급Ⅱ	3급	2급	1급
독음(讀音)	24	22	32	32	33	35	35	35	32	45	45	45	50
한자(漢字) 쓰기	0	0	0	10	20	20	20	20	20	30	30	30	40
훈음(訓音)	24	30	30	29	22	23	23	22	22	27	27	27	32
완성형(完成型)	0	2	2	2	3	4	4	5	5	10	10	10	15
반의어(反義語)	0	2	2	2	3	3	3	3	3	10	10	10	10
뜻풀이	0	2	2	2	2	3	3	3	3	5	5	5	10
동음이의어(同音異義語)	0	0	0	0	2	3	3	3	3	5	5	5	10
부수(部首)	0	0	0	0	0	0	0	0	3	5	5	5	10
동의어(同義語)	0	0	0	0	2	3	3	3	3	5	5	5	10
장단음(長短音)	0	0	0	0	0	0	0	0	3	5	5	5	10
약자(略字)·속자(俗字)	0	0	0	0	0	3	3	3	3	3	3	3	3
필순(筆順)	2	2	2	3	3	3	3	0	0	0	0	0	0
읽기 배정한자	50	100	150	225	300	400	500	750	1,000	1,500	1,817	2,355	3,500
쓰기 배정한자	–	–	–	50	150	225	300	400	500	750	1,000	1,817	2,005
출제문항(개)	50	60	70	80	90	100	100	100	100	150	150	150	200
합격문항(개)	35	42	49	56	63	70	70	70	70	105	105	105	160
시험시간(분)	50	50	50	50	50	50	50	50	50	60	60	60	90

★ 위 출제기준표는 기본지침자료이며, 출제자의 의도에 따라 차이가 있을 수 있습니다.

* 상위급수 한자는 모두 하위급수 한자를 포함하며, 쓰기 배정한자는 바로 아래 급수의 읽기 배정한자이거나 그 범위 내에 있습니다.

차례

이 책의 활용법

- 이 책은 **전국한자능력검정시험**을 위한 수험서입니다.
- 다년간 현장 학습지도(學習指導)로 경험이 많으신 여러 선생님들의 의견을 반영하여 제작하였습니다.

| 학 | 습 | 방 | 법 |

① 한자의 모양(형)·뜻(훈)·소리(음)를 잘 살펴본다.
   핵심정리를 통해 글자의 생성과정(字源 풀이)과 중요점을 확인한다.

② 본보기 한자(漢字)를 쓰는 순서대로 3~5회, 글자 위에 그대로 따라 써 본다.
   다음에 부수(部首)·획수(畫數)·총획(總畫)·훈음(訓音)의 변화 등을 익힌 후,
   빈칸을 채워나간다.

③ **신습한자** 칸의 한자어 독음(讀音)을 미리 써 본다.
   모두 해당 급수 범위 내의 출제 가능한 한자어만 선정했으므로, 아는 한자어의 독음
   (讀音)을 써 보고 해답은 뒷면의 복습·쓰기장 에서 확인한다.

④ 한자어의 첫글자 다음에 **장음**(長音=긴소리. :표시)이 온 경우는, 첫글자의 음(音)을
   여러 번 길게 소리내어 읽어본다.

⑤ 한자어(漢字語)는 정확한 뜻풀이를 중심으로 익힌다.
   한자는 의미(意味)를 위주로 하는 표의문자(表意文字)이므로, 그 특성을 충분히 살려
   성어(成語)나 한문 문구(文句)를 이해하도록 한다.

⑥ 약자(略字)·반의어(反義語)·유의어(類義語)·동음이의어(同音異義語) 등도 출제빈도가
   높으므로 잘 익혀둔다.

⑦ **두음법칙**(頭音法則)·속음(俗音)·사이시옷 등, 정확한 한글 맞춤법을 알아 둔다.

⑧ 예상문제를 풀어가며 최종 정리한다.

⑨ 읽기장은 공부할 때마다 훈음(訓音)을 가리고 입과 눈으로 익힌다.

 이 학습서가 한자학습(漢字學習)의 좋은 길잡이가 되어 공부에 자신감이 생기기를 진심으로
바라는 바입니다.

엮은이　조 규 남 드림

기초(基礎) 학습

- 육서(六書)
- 한자의 필순(筆順)
- 부수(部首)
- 자전(字典)에서 한자찾기

▦ 육서(六書)

육서(六書)는 상형문자/지사문자/회의문자/형성문자/전주문자/가차문자를 말하며, 각각 일정한 규칙에 의해 그 구성과 응용 방법에 따라 나누어진 것이다.

문자(文字)라는 말은 육서(六書) 중에서 문(文) 부분은 단독의 뜻을 가지고 있는 상형과 지사를 말하며, 자(字) 부분은 이미 만들어진 문(文)의 의미를 조합하여 기본 글자를 불려나갔으니 회의와 형성이 여기에 해당된다. 따라서 문(文)과 자(字)는 한자를 만드는 원리를 대표하는 말인 셈이다. 그 외에 전주와 가차는 이미 만들어진 문자(文字)를 활용하는 편에 속한다고 할 수 있다.

1. 상형문자(象形文字): 구체적임

구체적인 사물의 모양을 본떠서 만든 글자.
  예) 日(해 일), 月(달 월), 馬(말 마), 山(메 산) 등.

2. 지사문자(指事文字): 추상적임

추상적인 생각이나 뜻을 점이나 선, 또는 부호로 나타낸 글자.
  예) 一(한 일), 上(위 상), 下(아래 하), 本(근본 본), 末(끝 말) 등.

3. 회의문자(會意文字): 뜻부분(意) + 뜻부분(意)

이미 만들어진 둘 이상의 글자들을 결합하여 그것들로부터 연관되는 새로운 뜻을 가지도록 만들어진 글자.
  예) 男[사내 남 → 田:밭 전 + 力:힘 력] ⇒ 논밭(田)의 일터에서 힘써(力) 일하는 '사내'
  休[쉴 휴 → 亻:사람 인 + 木:나무 목] ⇒ 사람(亻)이 나무(木) 그늘 밑에서 '쉼'

4. 형성문자(形聲文字): 뜻을 포함한 부분(形) + 음부분(聲)

이미 만들어진 글자를 결합하여 새로운 뜻을 나타내되, 일부는 뜻(形)을 나타내고 일부는 음(聲)을 나타내는 글자.
  예) 頭[머리 두 ⇒ 頁:머리 혈 + 豆:콩 두], 空[빌 공 ⇒ 穴:구멍 혈 + 工:장인 공] 등.

5. 전주문자(轉注文字): 뜻부분 위주

이미 만들어진 글자를 가지고 그 뜻을 유추(類推)하여 다른 뜻으로 굴리고(轉) 끌어대어(注) 활용하는 글자.
  예) 樂(풍류 악 / 즐길 락 / 좋아할 요), 老(늙은이 로 / 익숙할 로) 등.

6. 가차문자(假借文字): 음부분 위주

이미 만들어진 글자를 본래의 뜻에 관계 없이 음만 빌려다가 쓰는 글자.
  예) 亞細亞(아세아 : Asia), 佛陀(불타 : Buddha), 丁丁(정정 : 도끼로 나무를 찍는 소리),
  可口可樂(코카콜라 : Coca cola) 등.

한자의 필순(筆順)

한자의 필순(筆順)은 절대적인 규칙이 있는 것은 아니지만, 오랜 세월동안 여러 사람의 체험을 통해서 붓글씨의 획(劃)을 쓰기위한 일반적인 순서가 갖추어졌다고 할 수 있다. 글자의 모양이 아름다우면서 빠르고 정확하게 쓸 수 있는 방법이 필요했던 것이다. 붓글씨의 획(劃)은 점(點)과 선(線)으로 이루어져있는데, 필순은 이 점과 선으로 구성된 획을 쓰는 순서를 말한다. 특히, 행서(行書)와 초서(草書)의 경우에는 쓰는 순서에 따라 그 한자의 모양새가 달라진다.

필순(筆順)의 기본원칙(基本原則)은 다음과 같다. 예외적인 경우도 잘 알아두어야 한다.

1. 위에서 아래로 긋는다.

三 ⇨　三 三 三

2. 왼쪽에서 오른쪽으로 긋는다.

川 ⇨　川 川 川

3. 가로획을 먼저 쓰고 세로획은 나중에 긋는다.

十 ⇨　十 十　　　　　　田 ⇨　田 田 田 田 田

主 ⇨　主 主 主 主 主　　　隹 ⇨　隹 隹 隹 隹 隹 隹 隹 隹

馬 ⇨　馬 馬 馬 馬 馬 馬 馬 馬 馬 馬

[예외] ⺿(초두머리) ⇨　⺿ ⺿ ⺿ ⺿

4. 삐침(╱)을 파임(╲)보다 먼저 긋는다.

入 ⇨　入 入　　　　　　及 ⇨　及 及 及 及

· 삐침(╱)을 나중에 긋는 경우도 있다.

力 ⇨　力 力　　　　　　方 ⇨　方 方 方 方

5. 좌우(左右)로 대칭일 때는 가운데 획을 먼저 긋는다.

小 ⇨　小 小 小　　　　水 ⇨　水 水 水 水

山 ⇨　山 山 山　　　　出 ⇨　出 出 出 出 出

雨 ⇨　雨 雨 雨 雨 雨 雨 雨 雨

[예외] 火 ⇨　火 火 火 火　　來 ⇨　來 來 來 來 來 來 來 來

6. 글자 전체를 꿰뚫는 획은 나중에 긋는다.

中 ⇨ 中 中 中 中   車 ⇨ 車 車 車 車 車 車 車

事 ⇨ 事 事 事 事 事 事 事 事

手 ⇨ 手 手 手 手

子 ⇨ 子 子 子   女 ⇨ 女 女 女

母 ⇨ 母 母 母 母 母

[예외] 世 ⇨ 世 世 世 世 世

7. (오른쪽 위의) 점은 맨 나중에 찍는다.

太 ⇨ 太 太 太 太   寸 ⇨ 寸 寸 寸

代 ⇨ 代 代 代 代 代

求 ⇨ 求 求 求 求 求 求 求

8. 안을 둘러싸고 있는 한자는 바깥부분을 먼저 쓰고, 밑부분은 맨 나중에 긋는다.

四 ⇨ 四 四 四 四 四

國 ⇨ 國 國 國 國 國 國 國 國 國 國 國

門 ⇨ 門 門 門 門 門 門 門 門

9. 받침(辶 , 廴)은 맨 나중에 긋는다.

建 ⇨ 建 建 建 建 建 建 建 建 建

近 ⇨ 近 近 近 近 近 近 近 近

[예외] 起 ⇨ 起 起 起 起 起 起 起 起 起 起

題 ⇨ 題 題 題 題 題 題 題 題 題 題 題 題 題 題 題 題 題 題

▦ 부수(部首)

1. 부수자(部首字)의 이름과 위치

이 름	위 치	해 당 한 자
제부수		手(손 수)　　　日(해 일)　　　月(달 월) 人(사람 인)　　馬(말 마) 등.
몸		멀경몸 - 冊(책 책)　再(두 재) 등. 큰입구몸 - 國(나라 국) 因(인할 인) 등. 에운담몸 - 問(물을 문) 街(거리 가) 등. 위튼입구몸 - 凷(날 출) 凶(흉할 흉) 등. 튼입구몸 - 匠(장인 장) 匣(갑 갑) 등. 감출혜몸 - 區(구역 구) 匹(짝 필) 등. 쌀포몸 - 包(쌀 포) 勿(˜하지말 물) 등.
머리		돼지머리해 - 亡(망할 망) 交(사귈 교) 등. 민갓머리 - 冠(갓 관) 冥(어두울 명) 등. 갓머리 - 家(집 가)　安(편안할 안) 등. 대죽머리 - 第(차례 제) 笑(웃을 소) 등. 필발머리 - 發(필 발) 癶(오를 등) 등. 초두머리 - 花(꽃 화) 草(풀 초) 등.
발		어진사람인발 - 兄(형 형)　兒(아이 아) 등. 천천히걸을쇠발 - 夏(여름 하) 등. 스물입발 - 弄(희롱할 롱) 등. 연화발 - 然(그럴 연) 등.

이 름	위 치	해 당 한 자
좌부**변**		이수변 – 冷(찰 **랭**) 涼(서늘할 **량**) 등. 두인변 – 德(덕 **덕**) 後(뒤 **후**) 등. 심방변 – 性(성품 **성**) 悟(깨달을 **오**) 등. 재방변 – 投(던질 **투**) 打(칠 **타**) 등. 장수장변 – 牀(평상 **상**) 등. 개사슴록변 – 犯(범할 **범**) 狗(개 **구**) 등. 구슬옥변 – 理(다스릴 **리**) 球(공 **구**) 등. 죽을사변 – 死(죽을 **사**) 殃(재앙 **앙**) 등. 삼수변 – 江(강 **강**) 海(바다 **해**) 등. 보일시변 – 神(귀신 **신**) 社(단체 **사**) 등. 육달월변 – 肝(간 **간**) 能(능할 **능**) 등. 좌부방변 – 防(막을 **방**) 陵(언덕 **릉**) 등.
우부**방**		병부절방 – 印(도장 **인**) 卵(알 **란**) 등. 우부방 – 郡(고을 **군**) 鄕(시골 **향**) 등.
엄		민엄호 – 原(근원 **원**) 厄(재앙 **액**) 등. 주검시엄 – 尾(꼬리 **미**) 尺(자 **척**) 등. 엄호 – 庭(뜰 **정**) 度(법도 **도**) 등. 기운기엄 – 氣(기운 **기**) 등. 병질엄 – 病(병들 **병**) 疾(병 **질**) 등. 늙을로엄 – 老(늙을 **로**) 者(놈 **자**) 등. 범호엄 – 虎(범 **호**) 號(부르짖을 **호**) 등.
책**받침**		민책받침 – 廷(조정 **정**) 建(세울 **건**) 등. 책받침 – 近(가까울 **근**) 道(길 **도**) 등.

2. 부수자(部首字)의 변형

부수자	변형 부수자	해당 한자
人(사람 **인**)	亻(사람인변)	仁(어질 **인**) 등.
刀(칼 **도**)	刂(선칼도방)	利(이로울 **리**) 등.
川(내 **천**)	巛(개미허리)	巡(순행할 **순**) 등.
彐(돼지머리 **계**)	彐 彑(튼가로왈)	彗(비 **혜**) 彘(돼지 **체**) 등.
攴(칠 **복**)	攵(등글월문)	敎(가르칠 **교**) 등.
心(마음 **심**)	忄(심방변)	情(뜻 **정**) 등.
手(손 **수**)	扌(재방변)	指(손가락 **지**) 등.
水(물 **수**)	氵(물수변)	法(법 **법**) 등.
火(불 **화**)	灬(연화발)	熱(더울 **열**) 등.
玉(구슬 **옥**)	王(구슬옥변)	珍(보배 **진**) 등.
示(보일 **시**)	礻(보일시변)	礼(예도 **례**) 등.
絲(실 **사**)	糸(실사변)	結(맺을 **결**) 등.
老(늙을 **로**)	耂(늙을로엄)	考(상고할 **고**) 등.
肉(고기 **육**)	月(육달월변)	肥(살찔 **비**) 등.
艸(풀 **초**)	⺿ ⺾(초두머리)	茶(차 **다**) 등.
衣(옷 **의**)	衤(옷의변)	複(겹칠 **복**) 등.
辵(쉬엄쉬엄갈 **착**)	辶(책받침)	通(통할 **통**) 등.
邑(고을 **읍**)	阝(우부방)-오른쪽에 위치	都(도읍 **도**) 등.
阜(언덕 **부**)	阝(좌부방변)-왼쪽에 위치	限(한정 **한**) 등.

⠿ 자전(字典)에서 한자찾기

'자전(字典)'을 따로 '옥편(玉篇)'이라고도 한다.
한자의 부수(部首) 214자에 따라 분류한 한자를 획수의 차례로 배열하여 글자마다 우리말로 훈(뜻)과 음을 써 놓은 책이다.
자전(字典)에서 한자를 찾는 방법은 크게 아래의 세 가지 방법이 있다.

1. 「부수 색인(部首索引)」 이용법

부수한자 214자를 1획부터 17획까지의 획수에 따라 분류해서 만들어 놓은 「부수 색인(部首索引)」을 이용한다.

> **<보기>** '地'자를 찾는 경우
> ① '地'의 부수인 '土'가 3획이므로 「부수 색인」 3획에서 '土'를 찾는다.
> ② '土'자 옆에 적힌 쪽수에 따라 '土(흙 토)'부를 찾아 펼친다.
> ③ '地'자에서 부수를 뺀 나머지 부분(也)의 획이 3획이므로, 다시 3획 난의 한자를 차례로 살펴 '地'자를 찾는다.
> ④ '地(땅 지)'자의 훈과 음을 확인한다.

2. 「총획 색인(總畫索引)」 이용법

「부수 색인(部首索引)」으로 한자를 찾지 못한 경우는 글자의 총획을 세어서 획수별로 구분하여 놓은 「총획 색인(總畫索引)」을 이용한다.

> **<보기>** '乾'자를 찾는 경우
> ① '乾'자의 총획(11획)을 센다.
> ② 총획 색인 11획 난에서 '乾'자를 찾는다.
> ③ '乾'자 옆에 적힌 쪽수를 펼쳐서 '乾'자를 찾는다.
> ④ '乾(하늘 건)'자의 훈과 음을 확인한다.

3. 「자음 색인(字音索引)」 이용법

한자음을 알고 있을 때는 가나다 순으로 배열된 「자음 색인(字音索引)」을 이용한다.

> **<보기>** '南'자를 찾는 경우
> ① '南'자의 음이 '남'이므로 「자음 색인(字音索引)」에서 '남'난을 찾는다.
> ② '남'난에 배열된 한자들 중에서 '南'자를 찾는다.
> ③ '南'자 아래에 적힌 쪽수를 찾아 펼친다.
> ④ '南(남녘 남)'자의 훈과 음을 확인한다.

한자(漢字) 학습

- 신습한자표
- 신습한자 익히기
- 약자·속자 익히기

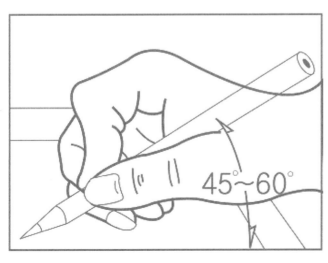

45~60°

◀ 연필 쥐는 법

8급 신습한자

＊ 총 학습자 : 50자. 쓰기배정한자 없음.

형(形)	훈(訓)	음(音)	형(形)	훈(訓)	음(音)	형(形)	훈(訓)	음(音)
校	학교	교	四	넉	사	中	가운데	중
敎	가르칠	교	山	메(산)	산	靑	푸를	청
九	아홉	구	三	석	삼	寸	마디	촌
國	나라	국	生	날 살	생 생	七	일곱	칠
軍	군사	군	西	서녘	서	土	흙	토
金	쇠 성	금 김	先	먼저	선	八	여덟	팔
南	남녘	남	小	작을	소	學	배울	학
女	계집	녀	水	물	수	韓	한국 나라	한 한
年	해 나이	년 년	室	집	실	兄	형 맏	형 형
大	큰	대	十	열	십	火	불	화
東	동녘	동	五	다섯	오			
六	여섯	륙	王	임금	왕			
萬	일만	만	外	바깥(밖)	외			
母	어미	모	月	달	월			
木	나무	목	二	두	이			
門	문	문	人	사람	인			
民	백성	민	一	한	일			
白	흰 아뢸	백 백	日	날 해	일 일			
父	아비	부	長	긴 어른	장 장			
北	북녘 달아날	북 배	弟	아우 제자	제 제			

♣ 다음 한자(漢字)의 훈음(訓音)을 쓰시오.

형(形)	훈(訓) 음(音)	형(形)	훈(訓) 음(音)	형(形)	훈(訓) 음(音)
校		四		中	
教		山		青	
九		三		寸	
國		生		七	
軍		西		土	
金		先		八	
南		小		學	
女		水		韓	
年		室		兄	
大		十		火	
東		五			
六		王			
萬		外			
母		月			
木		二			
門		人			
民		一			
白		日			
父		長			
北		弟			

♣ 다음 훈음(訓音)에 알맞는 한자(漢字)를 쓰시오.

형(形)	훈(訓) 음(音)		형(形)	훈(訓) 음(音)		형(形)	훈(訓) 음(音)	
	학교	교		넉	사		가운데	중
	가르칠	교		메(산)	산		푸를	청
	아홉	구		석	삼		마디	촌
	나라	국		날 살	생 생		일곱	칠
	군사	군		서녘	서		흙	토
	쇠 성	금 김		먼저	선		여덟	팔
	남녘	남		작을	소		배울	학
	계집	녀		물	수		한국 나라	한 한
	해 나이	년 년		집	실		형 맏	형 형
	큰	대		열	십		불	화
	동녘	동		다섯	오			
	여섯	륙		임금	왕			
	일만	만		바깥(밖)	외			
	어미	모		달	월			
	나무	목		두	이			
	문	문		사람	인			
	백성	민		한	일			
	흰 아뢸	백 백		날 해	일 일			
	아비	부		긴 어른	장 장			
	북녘 달아날	북 배		아우 제자	제 제			

■ 풍선 줄을 따라가면서 **한자**(漢字)의 **훈**(訓)과 **음**(音)을 익혀봅시다.

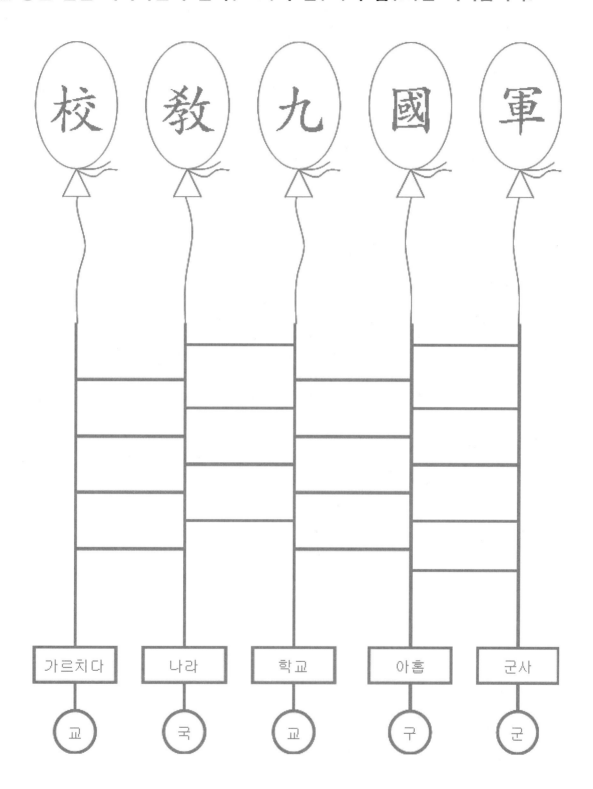

19

⬇ *자세히 읽어 보세요.*

자원풀이 및 핵심정리

 校 : 학교 **교** / 바로잡을 **교**

구부러진 나무를 줄 등으로 엇걸어 매어 '**바로잡는다**' 는 뜻을 가진 자로,
사람을 올바로 인도하는 '**학교**' 란 뜻도 있습니다.

- :표시는 앞 글자를 길게 읽으라는 약속부호임.

  教 : 가르칠 **교**

회초리를 들고 아이들에게 좋은 일을 본받도록 '**가르친다**' 는 뜻을 가진 자입니다.

- 앞 글자를 길게 읽음(긴소리 = 장음 長音).

 九 아홉 **구**

十(열 **십**) 자의 가로획을 처뜨려 열에서 하나가 적은 '**아홉**' 을 뜻하는 자로,
열에 가까운 '**많은**' 수효의 뜻도 있습니다.

※ 刀(칼 **도**), 力(힘 **력**), 九(아홉 **구**)

   國 나라 **국**

창(무기)을 든 국민이 국경선 안의 땅인 자기 '**나라**' 를 지킨다는 뜻을
가진 자입니다.

  軍 군사 **군**

전차를 둘러싸고 진군하는 '**군사**' 를 뜻하는 자입니다.

- 부수는 車(수레 **거**)임.

월   일 【시 간】   ~

校 학교 교 바로잡을 교	木 부수 6획, 총 10획.	( )부수 ( )획, 총 ( )획.		
	校:長 校:門			

敎 가르칠 교	攵 攴 부수 7획, 총 11획.	( )부수 ( )획, 총 ( )획.		
	敎:室 敎:生			

九 아홉 구	乙 부수 1획, 총 2획.	( )부수 ( )획, 총 ( )획.		
	九十 九月 九日 九十月			

國 나라 국	囗 부수 8획, 총 11획.	( )부수 ( )획, 총 ( )획.		
	國民 國軍 國父 國土			

軍 군사 군	車 부수 2획, 총 9획.	( )부수 ( )획, 총 ( )획.		
	軍人 軍民			

♣ 아래의 빈칸을 채우시오. 【금일학습】

校 학교 **교**					
敎 가르칠 **교**					
九 아홉 **구**					
國 나라 **국**					
軍 군사 **군**					

교장 교문
교실 교생
구십 구월 구일 구시월
국민 국군 국부 국토
군인 군민

■ 풍선 줄을 따라가면서 **한자**(漢字)의 **훈**(訓)과 **음**(音)을 익혀봅시다.

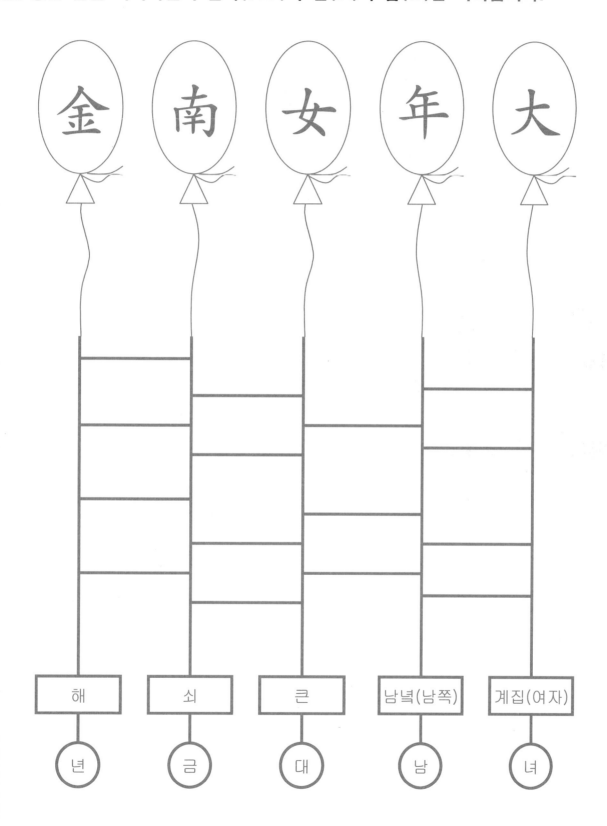

23

⬇ **자세히 읽어 보세요.**

자원풀이 및 핵심정리

 金金金 金 | 쇠 돈 성 | 금금김

흙 속에 덮여있는 금이나 '**쇠**' 붙이란 뜻의 자로, '**돈**'으로의
가치가 있어 '**귀중하다**'는 뜻도 있습니다.
- 성씨로 쓰일 때는 '**김**'이라고 읽음. **김**구선생(**金**九先生)

 南 | 남녘(남쪽) 남

초목이 더욱 무성해지는 방향은 따듯한 '**남쪽**'이라는 뜻의 자입니다.
- 뜻 부분인 남**녁**을 남**녘**으로 쓰면 틀림.
- 남북(**南** ↔ **北**)은 서로 반의어임.

  女 | 계집(여자) 녀 (여)

꿇어앉아 있는 '**여자**'의 모습을 나타낸 자입니다.
- 글자의 첫머리에 오면 음이 '**여**'로 바뀜.
- 남녀(**男** ↔ **女**)는 서로 반의어임.

 年 | 해 나이 | 년년(연)

벼 등, 많은 곡식은 한 '**해**' 안에 농사짓는다는 뜻의 자로, 해마다
'**나이**'를 먹는다는 뜻도 있습니다.
- 글자의 첫머리에 오면 음이 '**연**'으로 바뀜.

  大(ː)  | 큰 대

어른이 양팔을 벌리고 선 모습이 '**크다**'는 뜻의 자입니다.
- (ː)표시는 앞글자를 길게 또는 짧게도 읽으라는 약속 부호임.
- 대소(**大** ↔ **小**)는 서로 반의어임.

월   일 【시 간】   ~

金 쇠 돈 성	금 쇠	金 부수 0획, 총 8획.	( )부수 ( )획, 총 ( )획.		
		金門 金九先生			
南 남녘(남쪽) 남	남	十 부수 7획, 총 9획.	( )부수 ( )획, 총 ( )획.		
		南北 南韓 南大門			
女 계집(여자) 녀 (여)	녀 (여)	女 부수 0획, 총 3획.	( )부수 ( )획, 총 ( )획.		
		女人 女王			
年 해 나이	년년년 (연)	干 부수 3획, 총 6획.	( )부수 ( )획, 총 ( )획.		
		年長 年中 年年生			
大 큰	대	大 부수 0획, 총 3획.	( )부수 ( )획, 총 ( )획.		
		大:小 大:中小 大:國 大:學 大:門			

♣ 아래의 빈칸을 채우시오. 【지난학습】

학교 **교**	가르칠 **교**	아홉 **구**	나라 **국**	군사 **군**

【금일학습】

金 쇠 **금**					
南 남녘 **남**					
女 계집 **녀**					
年 해 **년**					
大 큰 **대**					

금문 김구선생
남북 남한 남대문
여인 여왕
연장 연중 연년생
대소 대중소 대국 대학 대문

▦ 풍선 줄을 따라가면서 한자(漢字)의 훈(訓)과 음(音)을 익혀봅시다.

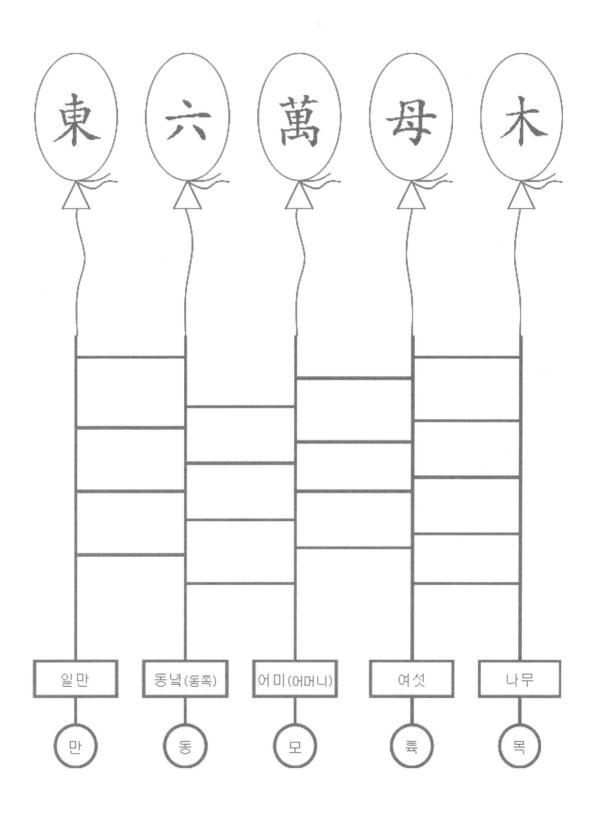

자원풀이 및 핵심정리

동녘(동쪽) 동

상징적으로, 나무숲 사이로 해가 떠오르는 쪽이 '동녘' 이라는 뜻의 자입니다.

- 뜻 부분인 동녘을 동녁으로 쓰면 틀림.
- 동서(東 ↔ 西)는 서로 반의어임.

여섯　륙
(육·유·뉴)

두 손의 손가락을 세 개씩 펴 서로 맞대 '여섯' 을 뜻하는 자입니다.

- 소리(음) 부분의 변화에 주의해야 함.
※ 육십(六十), 유월(六月), 오뉴월(五六月)

일만　만
많을　만

벌이나 전갈의 모양을 본뜬 자로, 벌은 그 수가 무리지어 많은 데서
많은 수인 '일만' 을 쓰거나, '많다' 라는 뜻으로도 쓰입니다.

- 앞 글자를 긴소리로 읽음.

어미　모

아이를 키우기 위해 젖을 생산해내는 여자가 '어미' 라는 뜻의 자입니다.

- 앞 글자를 긴소리로 읽음.
- 부모(父 ↔ 母)는 서로 반의어임.

나무　목

땅에 뿌리를 내리고 가지를 치며 자라는 '나무' 모양을 본뜬 자입니다.

※ 水(물 수), 木(나무 목)

8급-3

東 동녘(동쪽) 동	木 부수 4획, 총 8획.	( )부수 ( )획, 총 ( )획.			
	東西	東國	東山	東北	東大門

六 여섯 (육·유·뉴) 륙	八 부수 2획, 총 4획.	( )부수 ( )획, 총 ( )획.		
	六月	六十	六二五	六學年

萬 일만 많을 만	++ 艸 부수 9획, 총 13획.	( )부수 ( )획, 총 ( )획.			
	萬:一	萬:民	萬:人	萬:金	萬:年

母 어미(어머니) 모	毋 부수 1획, 총 5획.	( )부수 ( )획, 총 ( )획.		
	母:女	母:國		

木 나무 목	木 부수 0획, 총 4획.	( )부수 ( )획, 총 ( )획.	
	火:木		

♣ 아래의 빈칸을 채우시오.　　　　　　　　　【지난학습】

쇠 **金**	남녘 **남**	계집 **녀**	해 **년**	큰 **대**

【금일학습】

東 동녘 **동**					
六 여섯 **륙**					
萬 일만 **만**					
母 어미 **모**					
木 나무 **목**					

동서　동국　동산　동북　동대문
유월　육십　육이오　육학년
만일　만민　만인　만금　만년
모녀　모국
화목

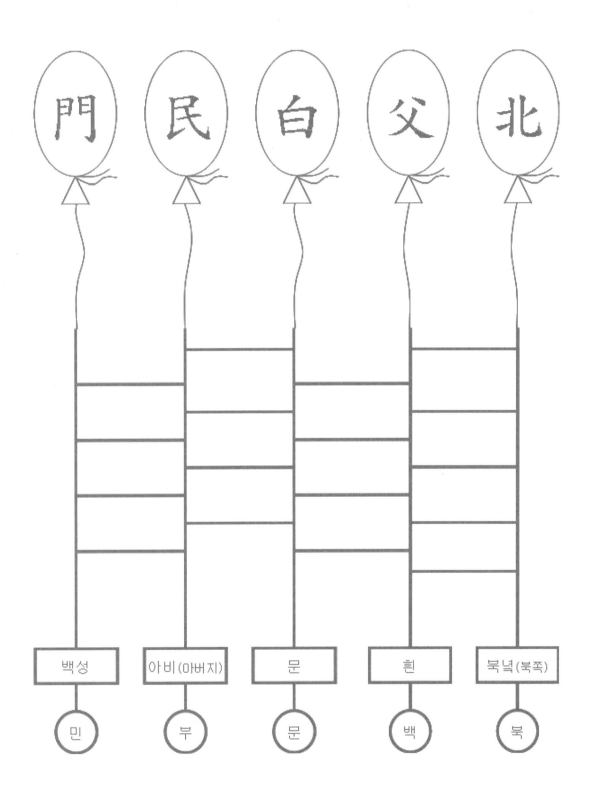

자원풀이 및 핵심정리

문　　문

두 문짝이 서로 마주하는 '문'의 모양을 본뜬 자입니다.
※ 問(물을 문), 間(사이 간), 聞(들을 문), 開(열 개)

백성　민

귀족 신분이 아니어서 교육 기회가 주어지지 않아 눈 먼(무지몽매한)
사람이 된 일반 '백성'이라는 뜻의 자입니다.

흰　　　　**백**
아뢸(말할)　**백**

해의 빛이 '희다'는 뜻의 자이기도 하고, 하얀 입김을 내며 '말한다'는
뜻의 자이기도 합니다.
※ 白(흰 백), 自(스스로 자), 百(일백 백)

아비(아버지)**부**
남자미칭　　**보**

손에 회초리를 들고서 아이들을 인도하고 가르치는 '아비'란 뜻의 자입니다.
• 어른 남자를 높여 부를 때는 **보**라고 읽음.
• 부모(父 ↔ 母)는 서로 반의어임.

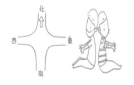

북녘(북쪽)　북
달아날　　　배

햇볕의 기운이 서린 남쪽을 향하니 등진 쪽이 '북녘'이란 뜻의 자로,
싸움에 져 등지고 '달아난다'는 뜻도 있습니다.
• '달아난다'일 때는 **배**라고 읽으며, 훈(訓 뜻)이 **북녘**인데 북녘이라고 쓰면 틀림.　※ 패배(敗北).
• 남북(南 ↔ 北)은 서로 반의어임.

8급-4

門 문 문	門 부수 0획, 총 8획.	( )부수 ( )획, 총 ( )획.		
	門中 門外			

民 백성 민	氏 부수 1획, 총 5획.	( )부수 ( )획, 총 ( )획.		
	民生 大:韓民國			

白 흰 아뢸(말할) 백백	白 부수 0획, 총 5획.	( )부수 ( )획, 총 ( )획.		
	白日 白軍 白金 白土			

父 아비(아버지) 부	父 부수 0획, 총 4획.	( )부수 ( )획, 총 ( )획.		
	父母 父女 學父母			

北 북녘(북쪽) 달아날 북배	匕 부수 3획, 총 5획.	( )부수 ( )획, 총 ( )획.		
	北韓 北門 北東 東西南北			

33

♣ **아래의 빈칸을 채우시오.** 【지난학습】

동녘 **동**	여섯 **륙**	일만 **만**	어미 **모**	나무 **목**

【금일학습】

門 문 **문**					
民 백성 **민**					
白 흰 **백**					
父 아비 **부**					
北 북녘 **북**					

문중 문외
민생 대한민국
백일 백군 백금 백토
부모 부녀 학부모
북한 북문 북동 동서남북

▦ 풍선 줄을 따라가면서 **한자**(漢字)**의 훈**(訓)**과 음**(音)을 익혀봅시다.

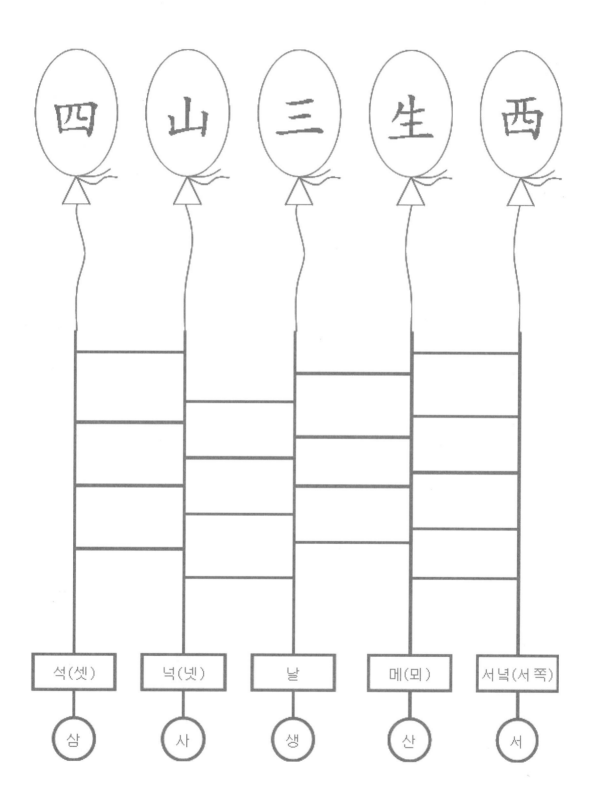

⬇ 자세히 읽어 보세요.

자원풀이 및 핵심정리

  넉(넷) 사

나라의 경계를 동서남북으로 나눈 데서 '넷' 이라는 뜻의 자입니다.

- 앞글자를 긴소리로 읽음.
※ 四(넉 사), 西(서녘 서)

  메(뫼·산) 산

우뚝 솟은 '산' 모양을 본뜬 자입니다.

 석(셋) 삼

하늘과 땅과 사람을 각각 가리켜 '셋' 을 뜻하는 자입니다.

   날 생 / 살 생

　풀싹이 땅을 뚫고 '나오는' 모양을 본뜬 자로, '살아 있다',
'낳다', '자라다', '싱싱한 날 것' 등의 뜻이 있습니다.
　※ 生(날 생), 先(먼저 선)

  서녘(서쪽) 서

　새가 보금자리를 찾아들어 앉은 때는 해가 '서녘' 으로 질 무렵이라는
뜻의 자입니다.

- 훈(訓 뜻)이 서녘인데 서녁이라고 쓰면 틀림.
- 동서(東 ↔ 西)는 서로 반의어임.
※ 四(넉 사), 西(서녘 서)

8급-5

四 넉(넷) 사	口 부수 2획, 총 5획.　　　(　　)부수 (　　)획, 총 (　　)획.			
	四寸　　　四月　　　四年　　　四寸兄　　　四大門			
山 메(뫼·산) 산	山 부수 0획, 총 3획.　　　(　　)부수 (　　)획, 총 (　　)획.			
	山中　　　山水			
三 석(셋) 삼	一 부수 2획, 총 3획.　　　(　　)부수 (　　)획, 총 (　　)획.			
	三寸　　　三月　　　三年　　　三國　　　三三五五			
生 날 살 생생	生 부수 0획, 총 5획.　　　(　　)부수 (　　)획, 총 (　　)획.			
	生母　　　生父　　　生水　　　生長　　　生年月日			
西 서녘(서쪽) 서	西 襾 부수 0획, 총 6획.　　　(　　)부수 (　　)획, 총 (　　)획.			
	西山　　　西軍　　　西北　　　西大門			

♣ 아래의 빈칸을 채우시오.　【지난학습】

문 **문**	백성 **민**	흰 **백**	아비 **부**	북녘 **북**

【금일학습】

四 넉 **사**					
山 메 **산**					
三 석 **삼**					
生 날 **생**					
西 서녘 **서**					

사촌　사월　사년　사촌형　사대문
산중　산수
삼촌　삼월　삼년　삼국　삼삼오오
생모　생부　생수　생장　생년월일
서산　서군　서북　서대문

▦ 풍선 줄을 따라가면서 **한자**(漢字)**의 훈**(訓)**과 음**(音)을 익혀봅시다.

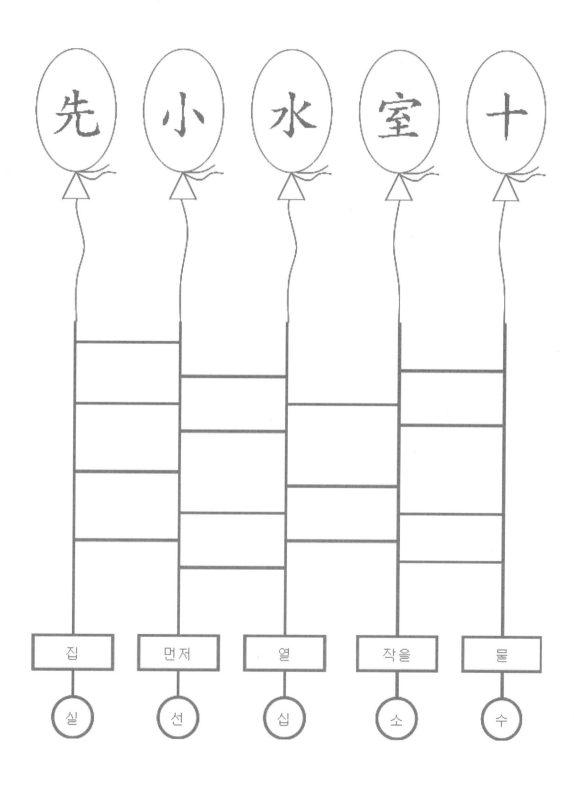

⬇ *자세히 읽어 보세요.*

자원풀이 및 핵심정리

 先 　먼저　선

남다른 사람은 앞서 가며 '**먼저**' 한다는 뜻의 자입니다.
　※ 生(날 생), 先(먼저 선)

 小: 　작을　소

셋으로 표현된 점이 '**작다**' 는 뜻의 자입니다.
- 대소(**大** ↔ **小**)는 서로 반의어임.
- 앞글자를 긴소리로 읽음.
　※ 小(작을 소), 少(적을 소 / 젊을 소)

  水 　물　수

흘러가는 '**물**' 의 모양을 본뜬 자입니다.
- 수화(**水** ↔ **火**)는 서로 반의어임.
　※ 水(물 수), 木(나무 목)

  室 　집　실

　사람이 머무르는 방이 갖춰진 '**집**' 이라는 뜻의 자로, 집안일을 주로 하는
'**아내**' 를 뜻하기도 합니다.

 十 　열　십
(시)

　숫자는 일(一)에서 시작하여 한 계단이 '**열**' 에서 끝난다는 뜻의 자입니다.
- 소리(음) 부분의 변화에 주의해야 함.
　※ **십**오년(**十**五年), **시**월(**十**月), **시**왕(**十**王)

40

8급-6

先 먼저 선	儿 부수 4획, 총 6획.	( )부수 ( )획, 총 ( )획.		
	先生 先金 先王 先山			

小 작을 소	小 부수 0획, 총 3획.	( )부수 ( )획, 총 ( )획.		
	小:人 小:生 小:學			

水 물 수	水 부수 0획, 총 4획.	( )부수 ( )획, 총 ( )획.		
	水中 水門 水軍 水國 水火			

室 집 실	宀 부수 6획, 총 9획.	( )부수 ( )획, 총 ( )획.		
	室外 室長			

十 열 십 (시)	十 부수 0획, 총 2획.	( )부수 ( )획, 총 ( )획.		
	十五年 十長生 十王 十月三日			

♣ 아래의 빈칸을 채우시오.　　　　　　　　【지난학습】

넉 **사**	메 **산**	석 **삼**	날 **생**	서녘 **서**

【금일학습】

先 먼저 **선**					
小 작을 **소**					
水 물 **수**					
室 집 **실**					
十 열 **십**					

선생　선금　선왕　선산
소인　소생　소학
수중　수문　수군　수국　수화
실외　실장
십오년　십장생　시왕　시월십일

▓ 풍선 줄을 따라가면서 **한자**(漢字)**의 훈**(訓)**과 음**(音)**을 익혀봅시다.**

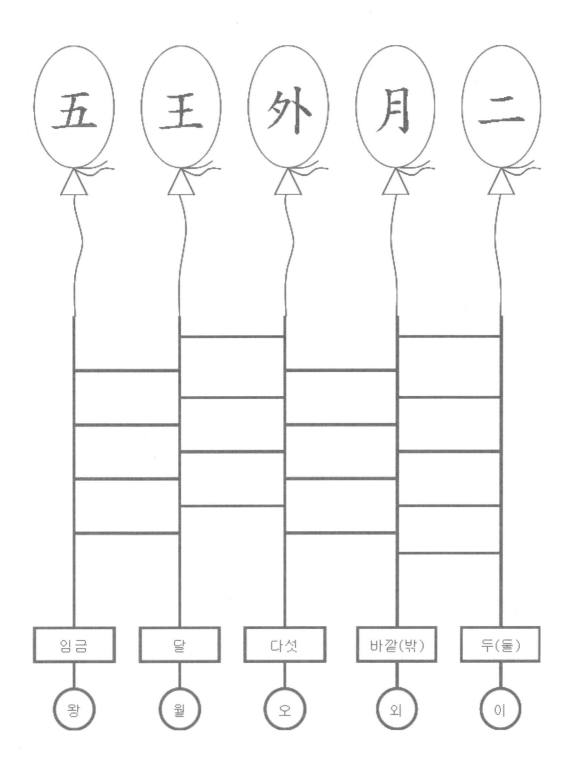

⬇️ *자세히 읽어 보세요.*

자원풀이 및 핵심정리

 区 ≡ 区 区 五 : **다섯 오**

하늘과 땅 사이에 엇걸린 숫자는 '**다섯**' 이라는 뜻의 자입니다.
- 앞 글자를 긴소리로 읽음.
※ 王(임금 **왕**), 五(다섯 **오**)

 土 王 王 王 王 **임금 왕**

덕이 있어 하늘과 땅과 사람을 합치할 수 있는 사람이라야 '**임금**' 이
될 수 있다는 뜻의 자입니다.
※ 王(임금 **왕**), 五(다섯 **오**)

 卜 扑 圤 扑 外 : **바깥(밖) 외**

본래 아침에 점을 치는데 저녁에 치는 것은 원칙 '**밖**' 이라는 뜻의 자입니다.
- 앞 글자를 긴소리로 읽음.

 𝈇 𝈇 𝈇 月 月 **달 월**

초승 '**달**' 의 모양을 본뜬 자입니다.
- **일월**(日 ↔ 月)은 서로 반의어임.

 = = = ≈ 二 : **두(둘) 이**

두 손가락 또는 두 선을 그어 '**둘**' 을 나타낸 자입니다.
- 앞 글자를 긴소리로 읽음.

월   일   【시 간】   ~

五	二 부수 2획, 총 4획.	( )부수 ( )획, 총 ( )획.	
다섯 오	五:六月 五:月五日 五:十萬年		

玉	王 玉 부수 0획, 총 4획.	( )부수 ( )획, 총 ( )획.	
임금 왕	王室 王國 王母 大:王 王中王		

外	夕 부수 2획, 총 5획.	( )부수 ( )획, 총 ( )획.	
바깥(밖) 외	外:人 外:國 外:三寸 外:四寸		

月	月 부수 0획, 총 4획.	( )부수 ( )획, 총 ( )획.	
달 월	十月 月火水木金土日		

二	二 부수 0획, 총 2획.	( )부수 ( )획, 총 ( )획.	
두(둘) 이	二:八 二:十 二:十日 二:十五日		

45

♣ 아래의 빈칸을 채우시오. 【지난학습】

먼저 **선**	작을 **소**	물 **수**	집 **실**	열 **십**

【금일학습】

五 다섯 **오**					
王 임금 **왕**					
外 바깥 **외**					
月 달 **월**					
二 두 **이**					

오뉴월 오월오일 오십만년
왕실 왕국 왕모 대왕 왕중왕
외인 외국 외삼촌 외사촌
시월 월화수목금토일
이팔 이십 이십일 이십오일

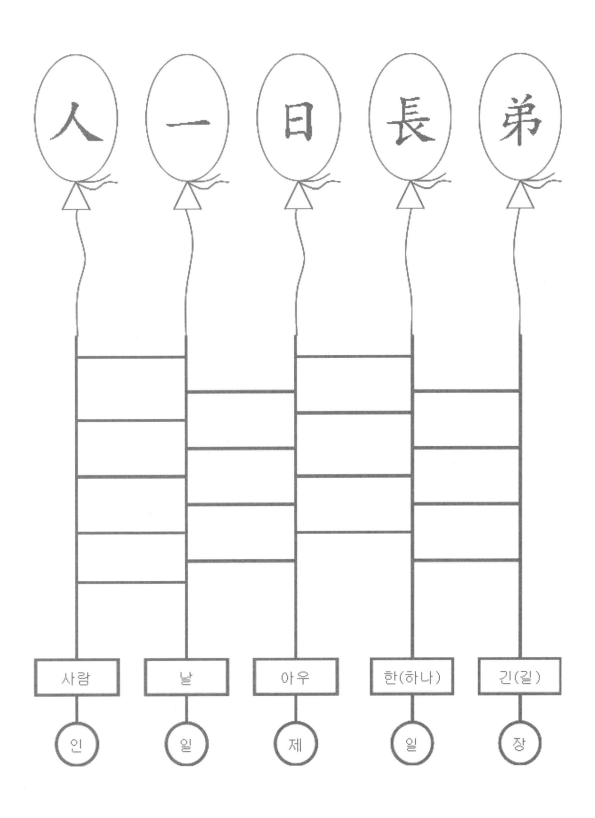

🔽 *자세히 읽어 보세요.*

자원풀이 및 핵심정리

 ⺅ ⺕ ⺗ 〜 人 | 사람 **인**

다리를 내딛고 서 있는 '**사람**'의 모양을 본뜬 자입니다.
※ 人(사람 **인**), 入(들 **입**), 八(여덟 **팔**)

 ー ー ー ー 一 | 한(하나) **일** / 온(온통) **일**

손가락 하나 또는 선 '**하나**'인 수효를 나타낸 자로, 셈의 시작이나
사물의 처음을 뜻하기도 하고, 전체를 아우르는 말인 '**온**'으로도 쓰입니다.

 ⊟ ⊡ ⊙ ⊟ 日 | 날 **일** / 해 **일**

'**해**'의 모양을 본뜬 글자로, 해가 뜨고 지는 하루인 '**날**'을 뜻하기도 합니다.
• **일월(日 ↔ 月)**은 서로 반의어임.
※ 日(날 **일**), 目(눈 **목**)

 ⻑ ⻑ 兎 長 長(:)  | 긴(길) **장** / 어른 **장** / 자랄 **장**

수염과 머리카락이 '**긴**' 노인(어른)의 모습을 본뜬 자입니다.
• 앞 글자를 길게 또는 짧게도 읽음.

 丰 羊 弟 弟: | 아우 **제** / 제자 **제**

가죽 끈을 위에서 아래로 내리감은 모양으로, 형의 아래인 '**아우**'를 뜻하는 자이다.
아우는 형이나 손위 사람을 '**공경**'하며, 배우는 입장에서 '**제자**'이기도 하다.
• 앞 글자를 긴소리로 읽음.
• **형제(兄 ↔ 弟)**는 서로 반의어임.

8급-8

人 사람 인	人 부수 0획, 총 2획.	( )부수 ( )획, 총 ( )획.			
	人生				

一 한(하나) 온(온통) 일일	一 부수 0획, 총 1획.	( )부수 ( )획, 총 ( )획.			
	一生 一金 一國 十月一日				

日 날 해 일일	日 부수 0획, 총 4획.	( )부수 ( )획, 총 ( )획.			
	日月 生日				

長 긴(길) 어른 장장	長 부수 0획, 총 8획.	( )부수 ( )획, 총 ( )획.			
	長:女 長生				

弟 아우 제자 제제	弓 부수 4획, 총 7획.	( )부수 ( )획, 총 ( )획.			
	兄弟				

♣ 아래의 빈칸을 채우시오. 【지난학습】

다섯 오	임금 왕	바깥 외	달 월	두 이

【금일학습】

人 사람 인					
一 한 일					
日 날 일					
長 긴 장					
弟 아우 제					

인생
일생 일금 일국 시월일일
일월 생일
장녀 장생
형제

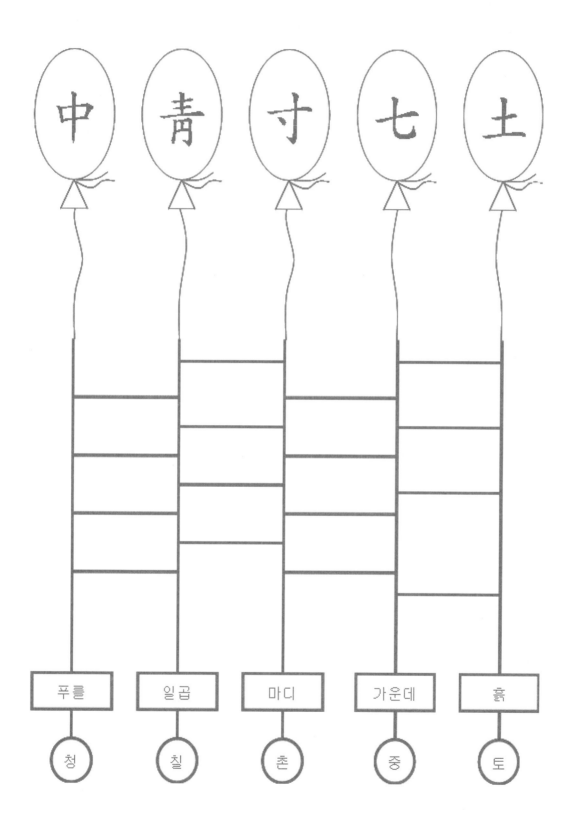

⬇ 자세히 읽어 보세요.

자원풀이 및 핵심정리

 竹 甲 中 **中** | 가운데 **중**

깃대를 맨 작대기로 꿰뚫은 물건의 복판을 '**가운데**' 라고 한다는 뜻의 자입니다.
※ 대**중**소(大中小)

 青 **青** | 푸를 **청**

초목이 싹을 틔우기 전의 거죽은 붉으나 자라나면 '**푸르다**' 는 뜻의 자로,
푸름은 '**젊음**' 과 '**봄**' 을 나타내기도 합니다.
• **청**백(靑 ↔ 白)은 서로 반의어임.

 寸 **寸** : | 마디 / 촌수 / 치(길이단위) **촌**

손목에서 맥박이 뛰는 데까지의 사이, 또는 손가락의 한 '**마디**' 라는
뜻의 자로, 숫자 등의 단위인 '**한치**', '**시각**', '**촌수**' 등의 뜻으로도 쓰입니다.
• 앞 글자를 긴소리로 읽음.

  | 일곱 **칠**

전서 글씨의 경우, 十(열 **십**)의 내리긋는 획을 세 번 구부려 쓰듯이 열에서
셋을 뺀 수가 '**일곱**' 이라는 뜻의 자입니다.
※ 七(일곱 **칠**), 土(흙 **토**)

 ㅗ ㅗ 土 **土** | 흙 **토**

대체로 싹을 틔우는 물질이 '**흙**' 이라는 뜻의 자입니다.
※ 土(흙 **토**), 七(일곱 **칠**)

中	ㅣ 부수 3획, 총 4획.	（　　　）부수 （　　　）획, 총 （　　　）획.		
가운데 중	中年　　　中國　　　中門　　　中東　　　中學校			

青	青 부수 0획, 총 8획.	（　　　）부수 （　　　）획, 총 （　　　）획.		
			青	
푸를 청	青山　　　青年　　　青軍　　　青白			

寸	寸 부수 0획, 총 3획.	（　　　）부수 （　　　）획, 총 （　　　）획.		
마디 촌수 치(길이단위)　촌촌촌촌	二:寸　　　三:寸　　　四:寸　　　五:寸　　　八寸			

七	一 부수 1획, 총 2획.	（　　　）부수 （　　　）획, 총 （　　　）획.		
일곱 칠	七萬　　　七八月　　　七月七日			

土	土 부수 0획, 총 3획.	（　　　）부수 （　　　）획, 총 （　　　）획.		
흙 토	土人　　　土木　　　土山			

♣ **아래의 빈칸을 채우시오.** 【지난학습】

사람 **인**	한 **일**	날 **일**	긴 **장**	아우 **제**

【금일학습】

中						
가운데 **중**						
青						
푸를 **청**						
寸						
마디 **촌**						
七						
일곱 **칠**						
土						
흙 **토**						

중년 중국 중문 중동 중학교
청산 청년 청군 청백
이촌 삼촌 사촌 오촌 팔촌
칠만 칠팔월 칠월칠일
토인 토목 토산

■ 풍선 줄을 따라가면서 **한자**(漢字)**의 훈**(訓)**과 음**(音)**을 익혀봅시다.**

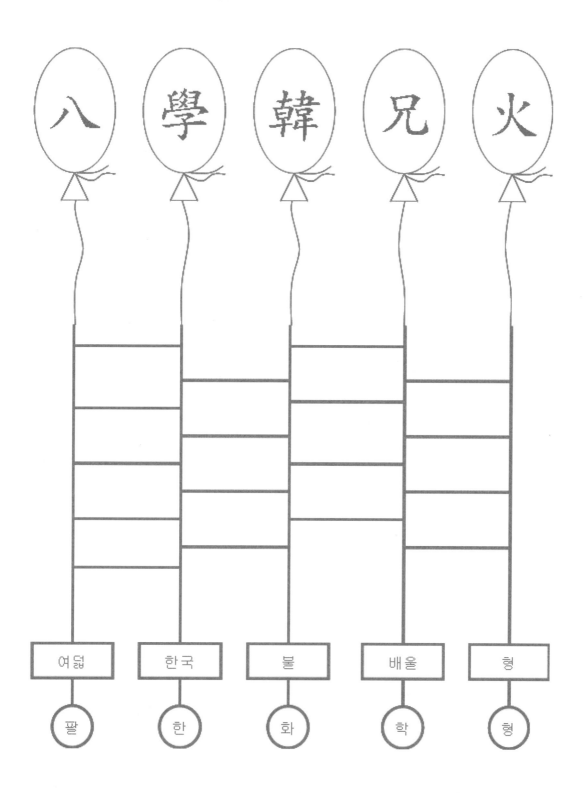

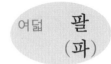

자원풀이 및 핵심정리

 ㅅㅅ ㅣㅣ ㅣㅅ 八 八　여덟 팔 (파)

두 손의 손가락을 네 개씩 펴 서로 등지게 한 모양에서 '여덟'이라는 뜻이 된 자입니다.

- 소리(음) 부분의 변화에 주의해야 함.
- 초파일(初八日)
- ※ 八(여덟 팔), 入(들 입), 人(사람 인)

   배울 학

아직은 사리에 어두운 아이들이 양손에 책을 잡고서 스승의 가르침을 본받으며 '배운다'란 뜻의 자입니다.

  韓(:)　한국 나라 성　한 한 한

풀숲에서 솟아오르는 아침 해의 빛이 성곽으로 둘러싸인 한 '나라'를 비춘다는 뜻의 자이며, 중국보다 동쪽에 위치한 우리나라 '한국'을 가리키는 자이기도 합니다.

- 앞 글자를 길게 또는 짧게도 읽음.

  형 맏　형 형

아우를 말로 잘 타이르고 지도하는 사람이 '형'이라는 뜻의 자입니다.

- 형제(兄 ↔ 弟)는 서로 반의어임.

  火(:)　불 화

활활 타오르는 '불꽃'의 모양을 본뜬 자입니다.

- 앞 글자를 길게 또는 짧게도 읽음.
- 수화(水 ↔ 火)는 서로 반의어임.

8급-10

八 여덟 팔 (파)	八 부수 0획, 총 2획.	( )부수 ( )획, 총 ( )획.		
	八十 八寸 十中八九			

學 배울 학	子 부수5 13획, 총 16획.	( )부수 ( )획, 총 ( )획.		
	學校 學生 學年 學長			

韓 한국 나라 성 한한한	韋 부수 8획, 총 17획.	( )부수 ( )획, 총 ( )획.		
	韓:國 韓:人 韓:中 韓:日 南北韓			

兄 형 맏 형형	儿 부수 3획, 총 5획.	( )부수 ( )획, 총 ( )획.		
	父兄 學兄			

火 불 화	火 부수 0획, 총 4획.	( )부수 ( )획, 총 ( )획.		
	火:木 火:山			

♣ 아래의 빈칸을 채우시오. 【지난학습】

가운데 **중**	푸를 **청**	마디 **촌**	일곱 **칠**	흙 **토**

【금일학습】

八 여덟 **팔**					
學 배울 **학**					
韓 한국 **한**					
兄 형 **형**					
火 불 **화**					

팔십 팔촌 십중팔구
학교 학생 학년 학장
한국 한인 한중 한일 남북한
부형 학형
화목 화산

♣ 아래의 빈칸을 채우시오.　　　　　　　　　　　　　【지난학습】

여덟 **팔**	배울 **학**	한국 **한**	형 **형**	불 **화**

♣ 아래의 약자(略字)·속자(俗字)를 써보시오.

國	国				
나라 국					
萬	万				
일만 만					
學	学				
배울 학					
敎	教				
가르칠 교					

쓰기 8급 - 1

校 학교 교								
教 가르칠 교								
九 아홉 구								
國 나라 국								
軍 군사 군								
金 쇠 금								
南 남녘 남								
女 계집 녀								
年 해 년								

♣ 아래의 한자(漢字)를 써 보시오.

쓰기 8급 - 2

大 큰 대								
東 동녘 동								
六 여섯 륙								
萬 일만 만								
母 어미 모								
木 나무 목								
門 문 문								
民 백성 민								
白 흰 백								

♣ 아래의 한자(漢字)를 써 보시오.

父							
아비 부							
北							
북녘 북							
四							
넉 사							
山							
메 산							
三							
석 삼							
生							
날 생							
西							
서녘 서							
先							
먼저 선							
小							
작을 소							

♣ 아래의 한자(漢字)를 써 보시오.

쓰기 8급 - 4

水								
물 수								
室								
집 실								
十								
열 십								
五								
다섯 오								
王								
임금 왕								
外								
바깥 외								
月								
달 월								
二								
두 이								
人								
사람 인								

♣ 아래의 한자(漢字)를 써 보시오.

쓰기 8급 - 5

一 한 일								
日 날 일								
長 긴 장								
弟 아우 제								
中 가운데 중								
靑 푸를 청								
寸 마디 촌								
七 일곱 칠								
土 흙 토								

64

♣ 아래의 한자(漢字)를 써 보시오.

쓰기 8급 - 6

八 여덟 팔								
學 배울 학								
韓 한국 한								
兄 형 형								
火 불 화								

♣ 다음 한자(漢字)의 훈음(訓音)을 쓰시오.　　　　　　▶정답은 70쪽

1.校　(　　　　　　　)　　　14.母　(　　　　　　　　)

2.敎　(　　　　　　　)　　　15.木　(　　　　　　　　)

3.九　(　　　　　　　)　　　16.門　(　　　　　　　　)

4.國　(　　　　　　　)　　　17.民　(　　　　　　　　)

5.軍　(　　　　　　　)　　　18.白　(　　　　　　　　)

6.金　(　　　　　　　)　　　19.父　(　　　　　　　　)

7.南　(　　　　　　　)　　　20.北　(　　　　　　　　)

8.女　(　　　　　　　)　　　21.四　(　　　　　　　　)

9.年　(　　　　　　　)　　　22.山　(　　　　　　　　)

10.大　(　　　　　　　)　　　23.三　(　　　　　　　　)

11.東　(　　　　　　　)　　　24.生　(　　　　　　　　)

12.六　(　　　　　　　)　　　25.西　(　　　　　　　　)

13.萬　(　　　　　　　)

1.先　(　　　　　　　　　)　　　14.長　(　　　　　　　　　)

2.小　(　　　　　　　　　)　　　15.弟　(　　　　　　　　　)

3.水　(　　　　　　　　　)　　　16.中　(　　　　　　　　　)

4.室　(　　　　　　　　　)　　　17.靑　(　　　　　　　　　)

5.十　(　　　　　　　　　)　　　18.寸　(　　　　　　　　　)

6.五　(　　　　　　　　　)　　　19.七　(　　　　　　　　　)

7.王　(　　　　　　　　　)　　　20.土　(　　　　　　　　　)

8.外　(　　　　　　　　　)　　　21.八　(　　　　　　　　　)

9.月　(　　　　　　　　　)　　　22.學　(　　　　　　　　　)

10.二　(　　　　　　　　　)　　　23.韓　(　　　　　　　　　)

11.人　(　　　　　　　　　)　　　24.兄　(　　　　　　　　　)

12.一　(　　　　　　　　　)　　　25.火　(　　　　　　　　　)

13.日　(　　　　　　　　　)

►정답은 70쪽

♣ 다음 훈음(訓音)에 알맞은 한자(漢字)를 쓰시오.

1.학교 교   (   )   14.어미 모 (   )

2.가르칠 교 (   )   15.나무 목 (   )

3.아홉 구   (   )   16.문 문   (   )

4.나라 국   (   )   17.백성 민 (   )

5.군사 군   (   )   18.흰 백   (   )

6.쇠 금   (   )   19.아비 부 (   )

7.남녘 남   (   )   20.북녘 북 (   )

8.계집 녀   (   )   21.넉 사   (   )

9.해 년   (   )   22.메 산   (   )

10.큰 대   (   )   23.석 삼   (   )

11.동녘 동   (   )   24.날 생   (   )

12.여섯 륙   (   )   25.서녘 서 (   )

13.일만 만   (   )

♣ 다음 훈음(訓音)에 알맞은 한자(漢字)를 쓰시오.　　　►정답은 70쪽

1.먼저 선　（　　　　）　　14.긴 장　（　　　　　　）

2.작을 소　（　　　　）　　15.아우 제　（　　　　　　）

3.물 수　（　　　　）　　16.가운데 중（　　　　　　）

4.집 실　（　　　　）　　17.푸를 청　（　　　　　　）

5.열 십　（　　　　）　　18.마디 촌　（　　　　　　）

6.다섯 오　（　　　　）　　19.일곱 칠　（　　　　　　）

7.임금 왕　（　　　　）　　20.흙 토　（　　　　　　）

8.바깥 외　（　　　　）　　21.여덟 팔　（　　　　　　）

9.달 월　（　　　　）　　22.배울 학　（　　　　　　）

10.두 이　（　　　　）　　23.한국 한　（　　　　　　）

11.사람 인　（　　　　）　　24.형 형　（　　　　　　）

12.한 일　（　　　　）　　25.불 화　（　　　　　　）

13.날 일　（　　　　）

【정답】 - 한자의 훈음 쓰기

► 66쪽

1.학교 교 2.가르칠 교 3.아홉 구 4.나라 국 5.군사 군
6.쇠 금/성 김 7.남녘 남 8.계집 녀 9.해 년 10.큰 대
11.동녘 동 12.여섯 륙 13.일만 만 14.어미 모 15.나무 목
16.문 문 17.백성 민 18.흰 백 19.아비 부 20.북녘 북
21.넉 사 22.메 산 23.석 삼 24.날 생 25.서녘 서

► 67쪽

1.먼저 선 2.작을 소 3.물 수 4.집 실 5.열 십
6.다섯 오 7.임금 왕 8.바깥 외 9.달 월 10.두 이
11.사람 인 12.한 일 13.날 일/해 일 14.긴 장 15.아우 제
16.가운데 중 17.푸를 청 18.마디 촌 19.일곱 칠 20.흙 토
21.여덟 팔 22.배울 학 23.한국 한/나라 한 24.형 형 25.불 화

【정답】 - 훈음에 알맞은 한자쓰기

► 68쪽

1. 校   2. 敎   3. 九   4. 國   5. 軍
6. 金   7. 南   8. 女   9. 年   10. 大
11. 東   12. 六   13. 萬   14. 母   15. 木
16. 門   17. 民   18. 白   19. 父   20. 北
21. 四   22. 山   23. 三   24. 生   25. 西

► 69쪽

1. 先   2. 小   3. 水   4. 室   5. 十
6. 五   7. 王   8. 外   9. 月   10. 二
11. 人   12. 一   13. 日   14. 長   15. 弟
16. 中   17. 靑   18. 寸   19. 七   20. 土
21. 八   22. 學   23. 韓   24. 兄   25. 火

한자어(漢字語) 학습

- ● 한자어 독음(讀音) 쓰기
- ● 한자어 쓰기
- ● 반의어(反義語)

♣ 다음 한자어(漢字語)의 독음(讀音)을 쓰시오.　　　▶정답은 87쪽

1.校:長　　　（　　　　　　）　　　15.金門　　　（　　　　　　　）

2.校:門　　　（　　　　　　）　　　16.金九先生（　　　　　　　）

3.敎:室　　　（　　　　　　）　　　17.南北　　　（　　　　　　　）

4.敎:生　　　（　　　　　　）　　　18.南韓　　　（　　　　　　　）

5.九十　　　（　　　　　　）　　　19.南大門　　（　　　　　　　）

6.九月　　　（　　　　　　）　　　20.女人　　　（　　　　　　　）

7.九日　　　（　　　　　　）　　　21.女王　　　（　　　　　　　）

8.九十月　　（　　　　　　）　　　22.年長　　　（　　　　　　　）

9.國民　　　（　　　　　　）　　　23.年中　　　（　　　　　　　）

10.國軍　　　（　　　　　　）　　　24.年年生　　（　　　　　　　）

11.國父　　　（　　　　　　）　　　25.大:小　　（　　　　　　　）

12.國土　　　（　　　　　　）　　　26.大:中小　（　　　　　　　）

13.軍人　　　（　　　　　　）　　　27.大:國　　（　　　　　　　）

14.軍民　　　（　　　　　　）　　　28.大:學　　（　　　　　　　）

♣ 다음 한자어(漢字語)의 독음(讀音)을 쓰시오. ►정답은 87쪽

1. 大:門 (　　　　　)　　15. 萬:年 (　　　　　)

2. 東西 (　　　　　)　　16. 母:女 (　　　　　)

3. 東國 (　　　　　)　　17. 母:國 (　　　　　)

4. 東山 (　　　　　)　　18. 火:木 (　　　　　)

5. 東北 (　　　　　)　　19. 門中 (　　　　　)

6. 東大門 (　　　　　)　　20. 門外 (　　　　　)

7. 六月 (　　　　　)　　21. 民生 (　　　　　)

8. 六十 (　　　　　)　　22. 大:韓民國 (　　　　　)

9. 六二五 (　　　　　)　　23. 白日 (　　　　　)

10. 六學年 (　　　　　)　　24. 白軍 (　　　　　)

11. 萬:一 (　　　　　)　　25. 白金 (　　　　　)

12. 萬:民 (　　　　　)　　26. 白土 (　　　　　)

13. 萬:人 (　　　　　)　　27. 父母 (　　　　　)

14. 萬:金 (　　　　　)　　28. 父女 (　　　　　)

1. 父兄　　（　　　　　　　）　　15. 三國　　（　　　　　　　）

2. 北韓　　（　　　　　　　）　　16. 三三五五（　　　　　　　）

3. 北門　　（　　　　　　　）　　17. 生母　　（　　　　　　　）

4. 北東　　（　　　　　　　）　　18. 生父　　（　　　　　　　）

5. 四:寸　　（　　　　　　　）　　19. 生水　　（　　　　　　　）

6. 四:月　　（　　　　　　　）　　20. 生長　　（　　　　　　　）

7. 四:年　　（　　　　　　　）　　21. 生年月日（　　　　　　　）

8. 四:寸兄（　　　　　　　）　　22. 西山　　（　　　　　　　）

9. 四:大門（　　　　　　　）　　23. 西軍　　（　　　　　　　）

10. 山中　（　　　　　　　）　　24. 西北　　（　　　　　　　）

11. 山水　（　　　　　　　）　　25. 西大門（　　　　　　　）

12. 三寸　（　　　　　　　）　　26. 先生　　（　　　　　　　）

13. 三月　（　　　　　　　）　　27. 先金　　（　　　　　　　）

14. 三年　（　　　　　　　）　　28. 先王　　（　　　　　　　）

♣ 다음 한자어(漢字語)의 독음(讀音)을 쓰시오.　　　　　▶정답은 87쪽

1.先山　　　（　　　　　）

2.小:人　　　（　　　　　）

3.小:生　　　（　　　　　）

4.小:學　　　（　　　　　）

5.水中　　　（　　　　　）

6.水門　　　（　　　　　）

7.水軍　　　（　　　　　）

8.水國　　　（　　　　　）

9.水火　　　（　　　　　）

10.室外　　　（　　　　　）

11.室長　　　（　　　　　）

12.十五年　　（　　　　　）

13.十長生　　（　　　　　）

14.十月三日　（　　　　　）

15.十中八九　　（　　　　　）

16.五:六月　　　（　　　　　）

17.五:月五日　　（　　　　　）

18.五:十萬年　　（　　　　　）

19.王室　　　　（　　　　　）

20.王國　　　　（　　　　　）

21.王母　　　　（　　　　　）

22.大:王　　　　（　　　　　）

23.王中王　　　（　　　　　）

24.外:人　　　　（　　　　　）

25.外:國　　　　（　　　　　）

26.外:三寸　　　（　　　　　）

27.外:四寸　　　（　　　　　）

28.月火水木金土日（　　　　　）

75

1. 十月　　　(　　　　　)　　　15. 中年　　　(　　　　　)

2. 二:八　　　(　　　　　)　　　16. 中國　　　(　　　　　)

3. 二:十　　　(　　　　　)　　　17. 中門　　　(　　　　　)

4. 二:十日　 (　　　　　)　　　18. 中東　　　(　　　　　)

5. 二:十五日 (　　　　　)　　　19. 中學校　 (　　　　　)

6. 人生　　　(　　　　　)　　　20. 青山　　　(　　　　　)

7. 一生　　　(　　　　　)　　　21. 青年　　　(　　　　　)

8. 一金　　　(　　　　　)　　　22. 青軍　　　(　　　　　)

9. 一國　　　(　　　　　)　　　23. 青白　　　(　　　　　)

10. 十月一日 (　　　　　)　　　24. 二:寸　　　(　　　　　)

11. 日月　　　(　　　　　)　　　25. 三寸　　　(　　　　　)

12. 生日　　　(　　　　　)　　　26. 四:寸　　　(　　　　　)

13. 長:女　　　(　　　　　)　　　27. 五:寸　　　(　　　　　)

14. 長生　　　(　　　　　)　　　28. 八寸　　　(　　　　　)

♣ 다음 한자어(漢字語)의 독음(讀音)을 쓰시오.　　　　　　　▶정답은 87쪽

1.七萬　　　（　　　　　　）　　　15.韓:人　　　（　　　　　　　）

2.七八月　　（　　　　　　）　　　16.韓:中　　　（　　　　　　　）

3.七月七日（　　　　　　）　　　17.韓:日　　　（　　　　　　　）

4.土人　　　（　　　　　　）　　　18.南北韓　　（　　　　　　　）

5.土木　　　（　　　　　　）　　　19.兄弟　　　（　　　　　　　）

6.土山　　　（　　　　　　）　　　20.火:木　　　（　　　　　　　）

7.八十　　　（　　　　　　）　　　21.火:山　　　（　　　　　　　）

8.八寸　　　（　　　　　　）　　　22.東西南北　（　　　　　　　）

9.學校　　　（　　　　　　）　　　23.水國　　　（　　　　　　　）

10.學生　　（　　　　　　）

11.學年　　（　　　　　）

12.學長　　（　　　　　）

13.學兄　　（　　　　　）

14.韓:國　　（　　　　　）

♣ 다음 낱말 풀이에 알맞은 한자어(漢字語)를 쓰시오. ▶정답은 88쪽

1. 교:장 (   )

학교의 어른
¶ ~ 선생님은 학교의 모든 일을 돌보신다.

2. 교:문 (   )

학교의 문
¶ ~ 앞에는 오늘도 호랑이 선생님이 서 계셨다.

3. 교:실 (   )

가르치는 집
¶ 아이들의 웃음소리에 ~이 떠나갈 듯했다.

4. 교:생 (   )

교육 실습생
¶ 새로 온 ~은 아이들의 모든 사랑을 독차지했다.

5. 구십 (   )

십이 아홉 개, 숫자 90
¶ 자! 쪼그려뛰기 ~개 시작!

6. 구월 (   )

아홉 번째 달
¶ 이 번 ~은 휴일이 단 하루도 없었다.

7. 구일 (   )

아홉 번째 날
¶ 지현이가 결석한지 ~째 되는 날이었다.

8. 구시월 (   )

구월과 시월
¶ ~경에는 틀림없이 나의 소원이 이루어질 것이다.

9. 국민 (   )

나라의 백성
¶ ~을 위한 ~에 의한 정치가 이루어져야 한다.

10. 국군 (   )

나라의 군대
¶ 나도 드디어 ~이 되었다.

11. 국부 (   )

나라의 아버지, 임금 또는 건국에 공이 있어서 국
민의 추앙을 받는 사람
¶ 그는 우리의 ~로서 전혀 문제가 되지 않았다.

12. 국토 (   )

나라의 땅
¶ 우리의 ~는 우리의 군대로 지켜야 한다.

13. 군인 (   )

군사, 병사
¶ ~은 국민에게 충성해야 한다.

14. 군민 (   )

군인과 민간인
¶ ~이 합심하여 위기를 극복해야 합니다.

15. 금문 (   )

궁궐의 문
¶ 직녀는 ~을 향해서 정신없이 달려갔다.

16. 김구선생 (   )

이름이 김구인 선생, 독립운동가
¶ ~님은 조국의 독립을 위해 일생을 바치셨다.

17. 남북 (   )

남쪽과 북쪽
¶ 동서~ 어디나 우리는 갈 수 있다.

18. 남한 (   )

남쪽에 있는 한민족의 나라, 곧 대한민국
¶ 대한민국을 줄여서 ~이라고도 한다.

19. 남대문 (   )

도성의 남쪽에 있는 큰 문
¶ ~은 서울의 명물이 되었다.

20. 여인 (   )

여자인 사람
¶ 나는 ~의 몸으로 태어난 것이 자랑스럽습니다.

♣ **다음 낱말 풀이에 알맞은 한자어(漢字語)를 쓰시오.** ▶정답은 88쪽

1. 여왕　　　(　　　　　　)

　　여자인 왕
　　¶ 선덕 ~은 어려서부터 총명했다.

2. 연장　　　(　　　　　　)

　　나이가 많은 사람
　　¶ 장유유서(長幼有序)란 ~자를 공경하는 것이다.

3. 연중　　　(　　　　　　)

　　그 해의 사이, 그 해의 동안
　　¶ ~ 내내 태현이에게 시달릴 수밖에 없었다.

4. 연년생　　(　　　　　　)

　　해마다 아이를 낳음, 또는 그렇게 낳은 아이
　　¶ 우리 오빠와 나와 내 동생은 ~이다.

5. 대:소　　(　　　　　　)

　　크고 작음, 큰 것과 작은 것
　　¶ ~ 구별 없이 무조건 천원이여!

6. 대:중소　(　　　　　　)

　　큰 것과 중간 것과 작은 것
　　¶ ~ 어느 것으로 드릴까요?

7. 대:국　　(　　　　　　)

　　큰 나라
　　¶ ~이라고 약한 나라를 함부로 못살게 군다면 이
　　는 깡패집단과 다를 바 없다.

8. 대:학　　(　　　　　　)

　　① 고등학교 다음에 가는 학교로 최고 교육기관
　　② 책 이름 (사서삼경 중 하나)
　　¶ 너 그렇게 공부해서 ~ 갈 수 있겠니?

9. 대:문　　(　　　　　　)

　　큰 문, 집의 정문
　　¶ 야! 너는 ~ 놔두고 왜 쪽문으로만 다니냐?

10. 동서　　(　　　　　　)

　　동쪽과 서쪽
　　¶ ~남북 어디서도 그의 모습을 볼 수 없었다.

11. 동국　　(　　　　　　)

　　동쪽에 있는 나라, 곧 우리나라
　　¶ ~은 곧 우리 조선을 가리킨다.

12. 동산　　(　　　　　　)

　　집 뒤에 있는 언덕이나 산
　　¶ ~ 위의 큰 소나무 밑에서 만나기로 했다.

13. 동북　　(　　　　　　)

　　① 동쪽과 북쪽 ② 동쪽과 북쪽의 중간이 되는 방위
　　¶ ~쪽으로 항로를 바꿔라!

14. 동대문　(　　　　　　)

　　도성의 동쪽에 있는 큰 문
　　¶ ~역에서 네 시에 만나기로 했어.

15. 유월　　(　　　　　　)

　　여섯 번째 달
　　¶ 진실아! ~ 없이 칠월이 올 수는 없단다.

16. 육십　　(　　　　　　)

　　십이 여섯 개, 숫자 60
　　¶ 앞으로 ~일만 지나면 드디어 우리 새 아가가 태
　　어날 것이다.

17. 육이오　(　　　　　　)

　　6월 25일, 곧 남북전쟁이 일어났던 날
　　¶ ~ 전쟁이 없었다면 일본은 지금처럼 발전할 수
　　없었을 것이다.

18. 육학년　(　　　　　　)

　　여섯 번째 학년
　　¶ 형은 의과대 ~이고, 나는 초등학교 ~이다.

19. 만:일　　(　　　　　　)

　　만 번 중에 한 번 일어날 일로, 혹시 일어날지도
　　모른다는 전제나 그렇게 일어난 뜻밖의 일을 말함
　　¶ 우리 군은 ~의 사태에 대비에 항상 긴장을 풀지
　　않고 있다.

♣ 다음 낱말 풀이에 알맞은 한자어(漢字語)를 쓰시오.　　　▶정답은 88쪽

1. 만:민　(　　　　　　　　)

만 명이나 되는 백성, 곧 모든 백성
¶ ~평등사상

2. 만:인　(　　　　　　　　)

만 명이나 되는 사람, 곧 모든 사람
¶ ~의 위에 군림했다.

3. 만:금　(　　　　　　　　)

만이나 되는 돈, 곧 매우 많은 돈
¶ 진실한 친구는 ~을 주고도 살 수 없다.

4. 만:년　(　　　　　　　　)

수많은 세월 또는 언제까지나 변하지 않음
¶ 천년~ 이렇게 같이 있고 싶어요.

5. 모:녀　(　　　　　　　　)

어머니와 딸
¶ 법원은 그 ~가 24시간, 60일 동안 함께 있을
　것을 명했다.

6. 모:국　(　　　　　　　　)

어머니의 나라라는 뜻으로 조국을 말함
¶ 나의 ~은 고구려다.

7. 화:목　(　　　　　　　　)

① 불태울 나무, 땔나무 ② 화요일과 목요일
¶ 우리는 일주일에 ~ 이틀만 만날 수 있었다.

8. 문중　(　　　　　　　)

동성동본의 가까운 집안, 가문
¶ 이 분이 문중의 가장 큰 어른이시다.

9. 문외　(　　　　　　　)

어떤 일에 대해 아는 것이 없음을 말함
¶ 국악(國樂)에 대해서는 정말 ~한이다.

10. 민생　(　　　　　　　)

백성의 생활, 또는 생명을 가진 백성
¶ ~ 문제의 해결 없이 태평성대는 이루어질 수 없다.

11. 대:한민국　(　　　　　　　　)

우리나라 이름, '위대한 한민족 백성의 나라'라는 뜻
¶ 고려 → 조선 → 대한제국 → ~

12. 백일　(　　　　　　　　)

'밝은 해'라는 뜻으로, ① 환히 비치는 해 ② 밤의
반대인 대낮
¶ 너 어떻게 환한 ~에 이런 짓을 할 수 있니?

13. 백군　(　　　　　　　　)

'청군 이겨라, 백군 이겨라' 할 때의 청군·홍군의
반대말인 백군
¶ 따르릉 따르릉 전화왔어요! ~이 이겼다고 전화
왔어요!

14. 백금　(　　　　　　　　)

'하얀 쇠붙이'라는 뜻으로, 은백색의 금속이나 은
¶ 100일 기념으로 ~ 반지를 했다.

15. 백토　(　　　　　　　　)

하얀색 흙으로 그릇을 희게 하는 원료나 건축의
도료로 사용
¶ 좋은 ~로 도자기를 만들어야 한다.

16. 부모　(　　　　　　　　)

아버지와 어머니
¶ 효도란 ~님이 걱정하지 않게 하는 것이다.

17. 부녀　(　　　　　　　　)

아버지와 딸
¶ 저 집은 ~지간에 사이가 무척 좋다.

18. 부형　(　　　　　　　　)

① 아버지와 형 ② 집안의 어른
¶ 너의 가장 큰 죄는 ~을 공경하지 않았다는 것이
다.

19. 북한　(　　　　　　　　)

북쪽에 있는 한민족의 나라, 곧 북조선인민공화국
¶ ~과 미국이 축구 경기를 하면 누구를 응원해야
하지?

▶정답은 88쪽

♣ 다음 낱말 풀이에 알맞은 한자어(漢字語)를 쓰시오.

1. 북문　　　（　　　　　　　　）

　　북쪽에 있는 문
　　¶ 수원 ~에서 만나요.

2. 북동　　　（　　　　　　　　）

　　① 북쪽과 동쪽 ② 북쪽과 동쪽의 중간이 되는 방위
　　¶ 항로를 ~으로 돌려라!

3. 사:촌　　　（　　　　　　　　）

　　촌수로 사촌이 되는 사람. 아버지 형제의 아들딸
　　¶ 나와 박경미는 이웃~ 사이이다.

4. 사:월　　　（　　　　　　　　）

　　네 번째 달
　　¶ 애! ~ 19일에 무슨 일이 있었니? 넌 그것도 모르니?

5. 사:년　　　（　　　　　　　　）

　　일년이 네 개
　　¶ 남들은 3년 만에 대학 가는데, 너는 ~도 부족하니?

6. 사:촌형　　（　　　　　　　　）

　　촌수로 사촌이 되는 형
　　¶ 내가 제일 좋아하는 ~이 놀러왔다.

7. 사:대문　　（　　　　　　　　）

　　네 개의 큰 대문, 곧 동대문·서대문·남대문·북대문
　　¶ 옛날에는 ~안 만이 서울이었다.

8. 산중　　　（　　　　　　　　）

　　산 속
　　¶ 소녀의 집은 저 깊은 ~에 있어요.

9. 산수　　　（　　　　　　　　）

　　산과 물, 곧 자연
　　¶ ~가 수려해서 절로 맘이 즐거워 진답니다.

10. 삼촌　　（　　　　　　　　）

　　촌수로 삼촌이 되는 사람. 곧 아버지의 형제
　　¶ 이거 우리 ~이 사준거다!

11. 삼월　　（　　　　　　　　）

　　세 번째 달
　　¶ 세상에! 너 ~ 一日, 삼일절에 무슨 일이 있었는
　　　지도 모르니?

12. 삼년　　（　　　　　　　　）

　　일년이 세 개, 3년
　　¶ ~ 후에 우리는 이렇게 다시 만났다.

13. 삼국　　（　　　　　　　　）

　　세 개의 나라
　　¶ 고구려·백제·신라가 있던 시대를 ~시대라고 한다.

14. 삼삼오오　（　　　　　　　　）

　　삼사인이나 오륙인이 몰려 있는 모습
　　¶ 병아리들이 ~ 짝을 지어 물놀이를 하고 있었다.

15. 생모　　（　　　　　　　　）

　　자신을 낳아 준 어머니
　　¶ 저는 ~가 누구인지 몰라요

16. 생부　　（　　　　　　　　）

　　자신을 낳아 준 아버지
　　¶ 그리고 ~도 모르구요.

17. 생수　　（　　　　　　　　）

　　① 샘에서 나온 맑은 물 ② 생명수
　　¶ 세상에! 도랑물까지 ~라고 팔아먹는 세상이 될줄이야!

18. 생장　　（　　　　　　　　）

　　태어나서 자람
　　¶ 나를 ~시켜준 사람은 부모였지만, 나를 진정 알
　　　아주는 사람은 바로 당신이었오.

19. 생년월일　（　　　　　　　　）

　　태어난 해와 달과 일
　　¶ 사주를 보려면 ~은 알아야지!

20. 서산　　（　　　　　　　　）

　　서쪽에 있는 산, 해가 지는 산
　　¶ 어느새 ~ 마루에 해가 지고 있었다.

♣ 다음 낱말 풀이에 알맞은 한자어(漢字語)를 쓰시오.　►정답은 88쪽

1. 서군 (　　　　　)

서쪽편에 있는 군대
¶ ~을 동쪽으로 이동시키고 동군은 서쪽으로 이동
시켜라.

2. 서북 (　　　　　)

① 서쪽과 북쪽 ② 서쪽과 북쪽 중간이 되는 방위
¶ 적이 ~쪽에서 들어와 동남쪽으로 지나가도록 유
도하라.

3. 서대문 (　　　　　)

서쪽에 있는 큰 문
¶ 그리고 우리는 ~에서 적의 퇴로를 차단한다.

4. 선생 (　　　　　)

① 먼저 태어난 사람이란 뜻으로, 학교의 교사 ②
이름이나 직함 밑에 붙이는 존칭
¶ 선생이 별건가! 나보다 먼저 태어난 이가 ~이지.

5. 선금 (　　　　　)

먼저 내는 돈
¶ 일단 ~을 주고 계약하고 볼 일이었다.

6. 선왕 (　　　　　)

먼저 있던 왕으로 곧 돌아가신 임금님
¶ ~의 유업을 이어 우리는 새롭게 태어나야 한다.

7. 선산 (　　　　　)

앞서 간 사람들의 무덤이 있는 산이란 뜻으로, '조
상의 무덤이 있는 산'을 말함
¶ 김씨는 ~에 찾아가 밤새도록 통곡하기를 그치지
않았다.

8. 소:인 (　　　　　)

① 나이가 어린 사람 ② 군자(君子)의 반대로 속이
좁고 간사한 사람
¶ 대인은 3000원, ~은 1000원!

9. 소:생 (　　　　　)

자기 자신을 낮추어 부른 말
¶ ~이 어찌 그런 일을 할 수 있겠습니까?

10. 소:학 (　　　　　)

① 어린이가 다니는 초등학교를 말함 ② 유가(儒家)의 책이름
¶ 『명심보감』을 읽은 후에 ~을 읽기 시작했다.

11. 수중 (　　　　　)

물 가운데, 물 속
¶ 저 바다 속 ~에는 거대한 용궁이 있다.

12. 수문 (　　　　　)

저수지나 수로에 설치해서 물의 양을 조절하는 문
¶ 지금 ~을 열지 않으면 댐이 무너지고 말 것입니다.

13. 수군 (　　　　　)

물에서 싸우는 군대로 해군
¶ 왜적의 ~은 완전히 괴멸되었다.

14. 수국 (　　　　　)

물의 나라, 바다의 세계
¶ 사방이 바다로 둘러싸인 그야말로 ~이었다.

15. 수화 (　　　　　)

물과 불
¶ 물과 불을 ~라 한다.

16. 실외 (　　　　　)

방 밖
¶ 담배는 ~의 지정된 장소에서 피워주시기 바랍니다.

17. 실장 (　　　　　)

방의 우두머리
¶ ~님! 이제 어떻게 하죠?

18. 십오년 (　　　　　)

일년이 열다섯 개
¶ 공자님은 태어나신지 ~만에 학문에 뜻을 두셨다.

19. 십장생 (　　　　　)

열 가지 오래 산다는 물건, 해·산·물·돌·구름·소나
무·불로초·거북·사슴·학
¶ 임금님이 앉으신 자리 뒤에는 ~이 그려진 병풍이 있다.

♣ **다음 낱말 풀이에 알맞은 한자어(漢字語)를 쓰시오.** ►정답은 88쪽

1. 시월삼일 (   )

　　시월의 세 번째 날

　　¶ 너는 세상에 ~이 무슨 날인 줄도 모른단 말이
　　지? 그럼 네 생일은 아니?

2. 십중팔구 (   )

　　열 개 중 여덟 개나 아홉 개라는 의미로, '거의 대
　　부분'이라는 뜻

　　¶ 네가 이번 시험에 ~ 합격할 거야, 걱정하지 마!

3. 오:뉴월 (   )

　　5월과 6월, 가장 해가 길고 더운 철

　　¶ ~에는 개도 감기에 안 걸린데!

4. 오:월오일 (   )

　　5월 5일, 곧 어린이날

　　¶ 10월 3일은 모르면서 ~은 어떻게 아니?

5. 오:십만년 (   )

　　백만 년의 반, 50만 년

　　¶ 이 일은 지금으로부터 ~ 전에 있었던 일입니다.

6. 왕실 (   )

　　왕의 가문, 집안, 왕가

　　¶ 영국에 ~이 있다니, 민주주의 국가 맞어?

7. 왕국 (   )

　　왕이 다스리는 나라

　　¶ 이 지도를 보아라! 여기가 짐의 ~이니라!

8. 왕모 (   )

　　할머니

　　¶ 할머니를 ~라고도 한데.

9. 대:왕 (   )

　　위대한 임금님

　　¶ 한글은 세종~께옵서 창조하셨다.

10. 왕중왕 (   )

　　왕 중의 왕. 어떤 일의 최고들 중의 최고

　　¶ 이번 경기를 끝으로 ~이 가려질 것입니다.

11. 외:인 (   )

　　바깥 사람. 관계없는 사람

　　¶ ~은 들어오지 마시오!

12. 외:국 (   )

　　우리나라 밖에 있는 나라

　　¶ ~에 갈 때는 항상 신변의 안전에 유의해야 한다.

13. 외:삼촌 (   )

　　외가의 삼촌. 곧 어머니의 남자 형제

　　¶ ~은 항상 엄마를 귀찮게 하신다.

14. 외:사촌 (   )

　　외가의 사촌. 곧 어머니 형제의 자녀들

　　¶ 그리고 ~은 항상 나를 귀찮게 한다.

15. 월화수목금토일 (   )

　　일주일간의 요일

　　¶ 너는 ~ 하루도 공부하지 않은 날이 없구나. 좀
　　놀면서 해라!

16. 시월 (   )

　　열 번째 달

　　¶ 우리 아기는 ~에 태어날 예정이랍니다.

17. 이:팔 (   )

　　2×8, 곧 16

　　¶ 내 나이 바야흐로 ~ 청춘이렸다!

18. 이:십 (   )

　　열이 두 개

　　¶ 열이 두 개면? ~이지!

19. 이:십일 (   )

　　스무날

　　¶ 그럼 하루가 스무 개면? ~!

20. 이:십오일 (   )

　　스무닷새날

　　¶ 거기서 오일을 더하면? ~! 바로 내 생일이지.

♣ **다음 낱말 풀이에 알맞은 한자어(漢字語)를 쓰시오.** ▶정답은 88쪽

1. 인생 (   )

   ① 사람의 목숨 ② 사람이 이 세상을 살아가는 일
   ③ 사람의 생활
   ¶ ~살이가 왜 이렇게 고달픈지!

2. 일생 (   )

   한평생
   ¶ 이 일은 내 ~을 걸고 반드시 완수하고야 말겠다.

3. 일금 (   )

   전부의 돈
   ¶ 모두 ~ 30,000원 어치야.

4. 일국 (   )

   한 나라, 온 나라
   ¶ 이런 일로 ~이 떠들썩해서야 되겠습니까?

5. 시월일일 (   )

   10월의 첫 번째 날
   ¶ 우리나라의 ~은 국군의 날이다.

6. 일월 (   )

   해와 달, 세월
   ¶ ~이 너무나 많이 지나갔습니다.

7. 생일 (   )

   태어난 날
   ¶ 어제는 오빠 ~, 오늘은 내 ~, 그리고 내일은 동생 ~이에요.

8. 장:녀 (   )

   첫째 딸을 말함
   ¶ ~와 장남은 비슷한 데가 있다.

9. 장생 (   )

   길게 살아감. 장수
   ¶ 나는 99살까지 ~하고야 말거야!

10. 중년 (   )

    청년과 노년 사이의 나이, 약 40세 안팎의 나이
    ¶ 이제 나도 ~의 나이가 되었다.

11. 중국 (   )

    현재의 중화인민공화국, 또는 그 땅에 있었던 나라의 통칭
    ¶ ~은 티벳을 무력으로 점거하였다.

12. 중문 (   )

    대문 안에 세운 문
    ¶ 대문을 지나고 ~을 지나서 안으로 들어갔다.

13. 중동 (   )

    지금의 아라비아 반도 및 파키스탄·이란·이라크 등이 있는 지역
    ¶ 서양에서 말하는 동양이란, 대개 극동아시아가 아닌 ~ 지방을 가리킨다.

14. 중학교 (   )

    초등학교 다음에 가는 학교
    ¶ 나는 드디어 내가 다녔던 ~에 선생으로 부임하게 되었다.

15. 청산 (   )

    푸른 산
    ¶ ~은 어찌하여 천년 만년 푸르른가

16. 청년 (   )

    '새파랗게 젊은 나이'라는 뜻으로, '젊은이'
    ¶ ~이여! 야망을 가져라!

17. 청군 (   )

    '청군 이겨라, 백군 이겨라' 할 때의 청군으로, 백군의 반대말
    ¶ 따르릉 따르릉 전화왔어요 ~이 이겼다고 전화왔어요

18. 청백 (   )

    청색과 백색
    ¶ ~ 두 가지 색으로 팀을 구별하였다.

19. 이:촌 (   )

    ① 길이가 2촌 ② 형제간의 촌수
    ¶ 부모와 자식 사이는 一寸, 형제자매는 ~간이다.

♣ 다음 낱말 풀이에 알맞은 한자어(漢字語)를 쓰시오. ►정답은 88쪽

1. 삼촌 ( )

① 길이가 3촌 ② 촌수로 삼촌이 되는 사람, 곧 아버지의 형제
¶ ~은 나만 보면 개구쟁이라고 약을 올렸다.

2. 사:촌 ( )

① 길이가 4촌 ② 촌수로 사촌이 되는 사람, 아버지 형제의 아들딸
¶ 먼 친척보다는 차라리 이웃 ~이 더 도움이 될 때가 많다.

3. 오:촌 ( )

① 길이가 5촌. ② 촌수로 5촌
¶ 나보다 ~ 위의 어른을 당숙이라고 한다.

4. 팔촌 ( )

① 길이가 8촌. ② 촌수로 8촌
¶ 사돈의 ~까지 모두 모여들었다.

5. 칠만 ( )

일만이 일곱 개
¶ ~년 전에 이러한 생물이 살았다고는 생각되지 않습니다.

6. 칠팔월 ( )

7월이나 8월
¶ ~쯤에는 결혼할 예정이다.

7. 칠월칠일 ( )

7월의 일곱 번째 날로 견우와 직녀가 오작교에서 만나는 날
¶ 견우와 직녀는 일년에 딱 한 번, ~에 오작교에서 만난다.

8. 토인 ( )

① 대대로 그 땅에서 원시적 생활 양식으로 사는 미개인 ② 흑인
¶ 백인들은 아프리카에서 ~들을 짐승처럼 사냥하기 시작했다.

9. 토목 ( )

토목 공사의 준말로 토목 공사란 목재나 철재·토석 등을 사용해 댐·도로·철도 등을 건설하는 일
¶ 나는 대학에서 ~공학을 배우고 싶다.

10. 토산 ( )

돌이 없이 흙으로만 이루어진 산
¶ 저 산은 돌이 하나도 없어. 그야말로 ~이야!

11. 팔십 ( )

열이 여덟 개
¶ 인생은 ~부터이다.

12. 팔촌 ( )

촌수로 8촌
¶ 세상에 우리가 ~ 사이였다니 이럴 수가!

13. 학교 ( )

가르치기 위한 목적으로 설치된 교육 기관
¶ 학생들에게는 ~가 제일 즐거운 곳이 되어야 한다.

14. 학생 ( )

배우는 사람
¶ 선생이 선생다울 때 ~이 학생다울 수 있다.

15. 학년 ( )

일 년 간의 학습 과정의 단위. 또는 일 년간 수업한 정도에 따라 구분하는 단계
¶ 3~ 학생들이 1~ 후배들을 보고 너무 좋아했다.

16. 학장 ( )

단과 대학의 우두머리
¶ 이번에 김교수님도 ~ 선거에 출마한다는데.

17. 학형 ( )

같이 공부하는 친구로, 학우(學友)를 높여 부르는 말
¶ ~께서 정 그러시다면 그렇게 하지요.

18. 한:국 ( )

대한민국의 준말
¶ 한민족 사람들이 사는 나라가 ~이다.

19. 한:인 ( )

한민족. 우리나라 사람. 대한민국의 국민
¶ 대한민국 사람들을 ~이라고 한다.

♣ **다음 낱말 풀이에 알맞은 한자어(漢字語)를 쓰시오.** ►정답은 88쪽

1. 한:중　(　　　　　　　)

　　대한민국과 중국
　　¶ 양궁대회에서 ~ 양국이 결승전에 올라왔다.

2. 한:일　(　　　　　　　)

　　대한민국과 일본
　　¶ ~ 양국은 해결해야 할 과거의 일이 너무 많다.

3. 남북한　(　　　　　　　)

　　남한과 북한
　　¶ ~은 서로 신뢰하고 사랑해야 한다.

4. 형제　(　　　　　　　)

　　형과 아우. 동기간
　　¶ 저기 밤나무집 ~는 참 사이가 좋아!

5. 화:목　(　　　　　　　)

　　① 화요일과 목요일 ② 땔나무
　　¶ 일주일 중에 ~ 이틀만 나와라.

6. 화:산　(　　　　　　　)

　　땅 속의 마그마가 땅 밖으로 터져나와 이루어진 산
　　¶ 예고 없는 ~ 폭발로 그 도시는 지도에서 사라졌다.

7. 동서남북　(　　　　　　　)

　　동쪽·서쪽·남쪽·북쪽. 곧, 사방.
　　¶ ~ 이 물로 둘러싸인 곳을 섬이라 한다.

【정답】 – 한자어 독음 쓰기

► **72쪽**

1.교장 2.교문 3.교실 4.교생 5.구십
6.구월 7.구일 8.구시월 9.국민 10.국군
11.국부 12.국토 13.군인 14.군민 15.금문
16.김구선생 17.남북 18.남한 19.남대문 20.여인
21.여왕 22.연장 23.연중 24.연년생 25.대소
26.대중소 27.대국 28.대학

► **73쪽**

1.대문 2.동서 3.동국 4.동산 5.동북
6.동대문 7.유월 8.육십 9.육이오 10.육학년
11.만일 12.만민 13.만인 14.만금 15.만년
16.모녀 17.모국 18.화목 19.문중 20.문외
21.민생 22.대한민국 23.백일 24.백군 25.백금
26.백토 27.부모 28.부녀

► **74쪽**

1.부형 2.북한 3.북문 4.북동 5.사촌
6.사월 7.사년 8.사촌형 9.사대문 10.산중
11.산수 12.삼촌 13.삼월 14.삼년 15.삼국
16.삼삼오오 17.생모 18.생부 19.생수 20.생장
21.생년월일 22.서산 23.서군 24.서북 25.서대문
26.선생 27.선금 28.선왕

► **75쪽**

1.선산 2.소인 3.소생 4.소학 5.수중
6.수문 7.수군 8.수국 9.수화 10.실외
11.실장 12.십오년 13.십장생 14.시월삼일 15.십중팔구
16.오뉴월 17.오월오일 18.오십만년 19.왕실 20.왕국
21.왕모 22.대왕 23.왕중왕 24.외인 25.외국
26.외삼촌 27.외사촌 28.월화수목금토일

► **76쪽**

1.시월 2.이팔 3.이십 4.이십일 5.이십오일
6.인생 7.일생 8.일금 9.일국 10.시월일일
11.일월 12.생일 13.장녀 14.장생 15.중년
16.중국 17.중문 18.중동 19.중학교 20.청산
21.청년 22.청군 23.청백 24.이촌 25.삼촌
26.사촌 27.오촌 28.팔촌

► **77쪽**

1.칠만 2.칠팔월 3.칠월칠일 4.토인 5.토목
6.토산 7.팔십 8.팔촌 9.학교 10.학생
11.학년 12.학장 13.학형 14.한국 15.한인
16.한중 17.한일 18.남북한 19.형제 20.화목
21.화산 22.동서남북 23.수국

【정답】 - 한자어 쓰기

► 78쪽

1.校長　2.校門　3.敎室　4.敎生　5.九十
6.九月　7.九日　8.九十月　9.國民　10.國軍
11.國父　12.國土　13.軍人　14.軍民　15.金門
16.金九先生　17.南北　18.南韓　19.南大門　20.女人

► 79쪽

1.女王　2.年長　3.年中　4.年年生　5.大小
6.大中小　7.大國　8.大學　9.大門　10.東西
11.東國　12.東山　13.東北　14.東大門　15.六月
16.六十　17.六二五　18.六學年　19.萬一

► 80쪽

1.萬民　2.萬人　3.萬金　4.萬年　5.母女
6.母國　7.火木　8.門中　9.門外　10.民生
11.大韓民國　12.白日　13.白軍　14.白金　15.白土
16.父母　17.父女　18.父兄　19.北韓

► 81쪽

1.北門　2.北東　3.四寸　4.四月　5.四年
6.四寸兄　7.四大門　8.山中　9.山水　10.三寸
11.三月　12.三年　13.三國　14.三三五五　15.生母
16.生父　17.生水　18.生長　19.生年月日　20.西山

► 82쪽

1.西軍　2.西北　3.西大門　4.先生　5.先金
6.先王　7.先山　8.小人　9.小生　10.小學
11.水中　12.水門　13.水軍　14.水國　15.水火
16.室外　17.室長　18.十五年　19.十長生

► 83쪽

1.十月三日　2.十中八九　3.五六月　4.五月五日　5.五十萬年
6.王室　7.王國　8.王母　9.大王　10.王中王
11.外人　12.外國　13.外三寸　14.外四寸　15.月火水木金土日
16.十月　17.二八　18.二十　19.二十日　20.二十五日

► 84쪽

1.人生　2.一生　3.一金　4.一國　5.十月一日
6.日月　7.生日　8.長女　9.長生　10.中年
11.中國　12.中門　13.中東　14.中學校　15.靑山
16.靑年　17.靑軍　18.靑白　19.二寸

► 85쪽

1.三寸　2.四寸　3.五寸　4.八寸　5.七萬
6.七八月　7.七月七日　8.土人　9.土木　10.土山
11.八十　12.八寸　13.學校　14.學生　15.學年
16.學長　17.學兄　18.韓國　19.韓人

► 86쪽

1.韓中　2.韓日　3.南北韓　4.兄弟　5.火木
6.火山　7.東西南北

♣ 다음 반의어(反義語 = 뜻이 서로 반대되거나 상대인 한자)를 써 보시오.

• 남북(南北) : 남쪽과 북쪽.	南 北 남녘 남 / 북녘 북	남녘 남 / 북녘 북	
• 대소(大:小) : 크고 작음.	大 小 큰 대 / 작을 소	큰 대 / 작을 소	
• 동서(東西) : 동쪽과 서쪽.	東 西 동녘 동 / 서녘 서	동녘 동 / 서녘 서	
• 수화(水火) : 물과 불.	水 火 물 수 / 불 화	물 수 / 불 화	

♣ 다음 반의어(反義語 = 뜻이 서로 반대되거나 상대인 한자)를 써 보시오.

	日 月		

• 일월(日月)
  : 해와 달.
  세월.
	해 **일** 달 **월**	해 **일** 달 **월**	

	兄 弟		
• 형제(兄弟) : 형과 아우.	형 **형** 아우 **제**	형 **형** 아우 **제**	

활용(活用) 학습

● 8급 예상문제 (10회분)

제1회 한자능력검정시험 8급 예상문제

(시험시간 : 50분. 시험문항 : 50문제. 합격문항 : 35문제이상) 성명 _____

1. 다음 글을 읽고 번호가 매겨진 漢字(한자)나 漢字語(한자어)의 讀音(독음)을 쓰세요. (1~15)

〈例예〉
漢字 → 한자

◆ 저는 二¹月² 五³日⁴ 生⁵입니다.

◆ 어제 어머니께서는 東⁶大⁷門⁸ 시장에 다녀오셨습니다.

◆ 아버지께서는 서울中⁹學¹⁰校¹¹를 졸업하셨습니다.

◆ 北¹²韓¹³에 金¹⁴강산¹⁵이 있습니다.

1. 二 :   2. 月 :

3. 五 :   4. 日 :

5. 生 :   6. 東 :

7. 大 :   8. 門 :

9. 中 :   10. 學 :

11. 校 :   12. 北 :

13. 韓 :   14. 金 :

15. 山 :

2. 다음 漢字의 訓(훈:뜻)과 音(음)을 쓰세요. (16~25)

〈例예〉
音 → 소리 음

16. 寸 :   17. 四 :

18. 七 :   19. 西 :

20. 兄 :   21. 十 :

22. 水 :   23. 九 :

24. 木 :   25. 火 :

3. 다음에 알맞은 漢字(한자)를 例(예)에서 골라 그 번호를 쓰세요. (26~35)

〈例예〉
① 外 ② 父 ③ 王 ④ 三 ⑤ 八
⑥ 母 ⑦ 民 ⑧ 軍 ⑨ 萬 ⑩ 女

26. 백성 민 ……………… (   )

27. 석   삼 ……………… (   )

28. 어미 모 ……………… (   )

29. 바깥 외 ……………… (   )

30. 계집 녀 ……………… (   )

31. 임금 왕 ……………… (   )

32. 여덟 팔 ……………… (   )

33. 아비 부 ……………… (   )

34. 군사 군 ……………… (   )

35. 일만 만 ……………… (   )

4. 다음 밑줄 친 낱말의 뜻에 알맞은 漢字(한자)를 例(예)에서 찾아 그 번호를 쓰세요. (36~40)

〈例예〉
① 靑 ② 大 ③ 人 ④ 少 ⑤ 白 ⑥ 小

오늘 운동장에는 흰³⁶색, 푸른³⁷색 운동복

을 입은, 크고³⁸ 작은³⁹ 사람⁴⁰들이 많이 모여 있었습니다.

36. 흰 ………… (   )

37. 푸른 ………… (   )

38. 크고 ………… (   )

39. 작은 ………… (   )

40. 사람 ………… (   )

5. 아래 글의 ㉠과 ㉡의 ( ) 속에 쓴 글자에 공통으로 쓰이는 漢字(한자)를 例(예)에서 골라 그 번호를 쓰세요. (41~43)

〈例예〉
① 外 ② 土 ③ 火 ④ 年 ⑤ 北 ⑥ 南

41. ………… (   )

㉠ 내일 우리는 (남)산으로 소풍을 갑니다.

㉡ 제주도는 우리 나라 (남)쪽에 있습니다.

42. ………… (   )

㉠ 우리 할아버지께서 일구시는 (토)지는 비옥합니다.

㉡ 우리 학교에서는 (토)요일마다 특별 활동 수업을 합니다.

43. ………… (   )

㉠ 내 동생은 내(년)에 중학교에 입학합니다.

㉡ 아저씨, 국민(연)금이 뭐예요?

6. 다음 글자들은 무슨 뜻이며, 어떤 소리로 읽을까요? 例(예)에서 골라 그 번호를 써 넣으세요. (44~48)

〈例예〉
① 길다 ② 실 ③ 선 ④ 아우
⑤ 먼저 ⑥ 제 ⑦ 집 ⑧ 장

44. 長은(는) _____ (이)라는 뜻입니다.

45. 長은(는) _____ (이)라고 읽습니다.

46. 室은(는) _____ (이)라는 뜻입니다.

47. 室은(는) _____ (이)라고 읽습니다.

48. 弟은(는) _____ (을)를 가리키는 글자입니다.

7. 다음 漢字(한자)의 필순에 대한 물음에 답하시오. (49~50)

★
校

49. 校 자에서 ★표한 획은 몇 번째 쓰는지 그 번호를 숫자로 쓰시오. ……(번째)

★
國

50. 國 자에서 ★표한 획은 몇 번째 쓰는지 그 번호를 숫자로 쓰시오. ……(번째)

➡ 정답은 112쪽

제 2 회 한 자 능 력 검 정 시 험 8급 예 상 문 제

(시험시간 : 50분. 시험문항 : 50문제. 합격문항 : 35문제이상) 성명 _____

1. 다음 글을 읽고 번호가 매겨진 漢字(한자)나 漢字語(한자어)의 讀音(독음)을 쓰세요. (1~15)

─〈例예〉─
漢字 → 한자

◆ 萬¹원짜리 지폐에는 세종大²王³의 모습이 들어 있습니다.

◆ 저는 火⁴요일부터 金⁵요일까지 學⁶원에 가야합니다.

◆ 國⁷軍⁸ 아저씨들은 二⁹十¹⁰四¹¹시간 나라를 지킵니다.

◆ 요즘 우리 三¹²寸¹³은 靑¹⁴소年¹⁵ 보호에 관한 글을 쓰십니다.

1. 萬 :	2. 大 :
3. 王 :	4. 火 :
5. 金 :	6. 學 :
7. 國 :	8. 軍 :
9. 二 :	10. 十 :
11. 四 :	12. 三 :
13. 寸 :	14. 靑 :
15. 年 :	

2. 다음 漢字의 訓(훈 : 뜻)과 音(음)을 쓰세요.(16~25)

─〈例예〉─
音 → 소리 음

16. 東 :	17. 外 :
18. 六 :	19. 生 :
20. 日 :	21. 先 :
22. 長 :	23. 弟 :
24. 南 :	25. 月 :

3. 다음에 알맞은 漢字(한자)를 例(예)에서 골라 그 번호를 쓰세요. (26~35)

─〈例예〉─
① 韓 ② 兄 ③ 五 ④ 人 ⑤ 木
⑥ 室 ⑦ 校 ⑧ 九 ⑨ 門 ⑩ 西

26. 집   실 ………… (   )

27. 아홉 구 ………… (   )

28. 나라 한 ………… (   )

29. 서녘 서 ………… (   )

30. 다섯 오 ………… (   )

31. 나무 목 ………… (   )

32. 사람 인 ………… (   )

33. 문   문 ………… (   )

34. 형   형 ………… (   )

35. 학교 교 ………… (   )

4. 다음 밑줄 친 낱말의 뜻에 알맞은 漢字(한자)를 例(예)에서 찾아 그 번호를 쓰세요. (36~40)

<例예>

① 父 ② 水 ③ 木 ④ 母 ⑤ 土 ⑥ 山

어제 나는 **어머니**³⁶와 **산**³⁷에 놀러 갔습니다. **흙**³⁸냄새도 맡아보고, 큰 **나무**³⁹들도 많이 보았습니다. 날씨가 더워서 시원한 **냇물**⁴⁰에 손도 씻었습니다.

36. 어머니 ……… (   )

37.   산   ……… (   )

38.   흙   ……… (   )

39. 나 무 ……… (   )

40.   물   ……… (   )

5. 아래 글의 ㉠과 ㉡의 ( ) 속에 쓴 글자에 공통으로 쓰이는 漢字(한자)를 例(예)에서 골라 그 번호를 쓰세요. (41~43)

<例예>

① 男 ② 女 ③ 中 ④ 八 ⑤ 月 ⑥ 火

41. ……… (   )

㉠ 우리 할머니께서는 올해 연세가 (팔)십세이십니다.

㉡ 그는 (팔)방미인으로 소문이 난 사람입니다.

42. ……… (   )

㉠ (중)국에 가고 싶어하는 친구가 많습니다.

㉡ 도시의 (중)심지역을 도심이라고 합니다.

43. ……… (   )

㉠ 옆 반은 (여)학생 수가 남학생 수보다 많습니다.

㉡ 이번에 '효(녀) 심청'을 어디에서 공연하지?

6. 다음 글자들은 무슨 뜻이며, 어떤 소리로 읽을까요? 例(예)에서 골라 그 번호를 써 넣으세요. (44~48)

<例예>

① 학교 ② 희다 ③ 북녘 ④ 민
⑤ 남녘 ⑥ 백성 ⑦ 교   ⑧ 백

44. 民은(는) _____(이)라는 뜻입니다.

45. 民은(는) _____(이)라고 읽습니다.

46. 白은(는) _____(이)라는 뜻입니다.

47. 白은(는) _____(이)라고 읽습니다.

48. 北은(는) _____(을)를 가리키는 글자입니다.

7. 다음 漢字(한자)의 필순에 대한 물음에 답하시오. (49~50)

49.  軍 자에서 ★표한 획은 몇 번째 쓰는지 그 번호를 숫자로 쓰시오. ……(번째)

50.  金 자에서 ★표한 획은 몇 번째 쓰는지 그 번호를 숫자로 쓰시오. ……(번째)

➡ 정답은 112쪽

제3회 한자능력검정시험 8급 예상문제

(시험시간 : 50분. 시험문항 : 50문제. 합격문항 : 35문제이상) 성명 _____

1. 다음 글을 읽고 번호가 매겨진 漢字(한자)나 漢字語(한자어)의 讀音(독음)을 쓰세요. (1~15)

> ─〈例예〉─
>
> 漢字 → 한자

◆ 내 친구는 나와 七¹표 차이로 우리 반 반長²에 선출되었습니다.

◆ 그렇게 섣불리 결정하다가는 十³中⁴八⁵九⁶ 일을 그르치게 됩니다.

◆ 外⁷부에서 온 사람을 만나느라고 하루 종日⁸ 民⁹원을 처리하지 못했습니다.

◆ 외國¹⁰어를 잘 하려면 몇 개月¹¹에서 몇 年¹²을 공부해야 합니다.

◆ 학교 西¹³쪽에는 교木¹⁴이, 南¹⁵쪽에는 교화를 심은 화단이 있습니다.

1. 七 :	2. 長 :
3. 十 :	4. 中 :
5. 八 :	6. 九 :
7. 外 :	8. 日 :
9. 民 :	10. 國 :
11. 月 :	12. 年 :
13. 西 :	14. 木 :
15. 南 :	

2. 다음 漢字의 訓(훈:뜻)과 音(음)을 쓰세요. (16~25)

> ─〈例예〉─
>
> 音 → 소리 음

16. 韓 :	17. 軍 :
18. 金 :	19. 五 :
20. 萬 :	21. 王 :
22. 山 :	23. 三 :
24. 大 :	25. 六 :

3. 다음에 알맞은 漢字(한자)를 例(예)에서 골라 그 번호를 쓰세요. (26~35)

> ─〈例예〉─
>
> ① 二 ② 東 ③ 室 ④ 水 ⑤ 女
> ⑥ 門 ⑦ 土 ⑧ 北 ⑨ 白 ⑩ 人

26. 물 수 ……………… (   )

27. 계집 녀 ……………… (   )

28. 사람 인 ……………… (   )

29. 두 이 ……………… (   )

30. 흙 토 ……………… (   )

31. 흰 백 ……………… (   )

32. 동녘 동 ……………… (   )

33. 문 문 ……………… (   )

34. 북녘 북 ……………… (   )

35. 집 실 ……………… (   )

4. 다음 밑줄 친 낱말의 뜻에 알맞은 漢字(한자)를 例(예)에서 찾아 그 번호를 쓰세요. (36~40)

―――<例예>―――
① 四 ② 兄 ③ 父 ④ 生 ⑤ 母 ⑥ 弟

우리 가족은 **아버지**³⁶, **어머니**³⁷, **아우**³⁸, 저까지 **네**³⁹명입니다. 오늘은 아우의 생일이라, 모처럼 회를 먹고 왔습니다. 아우는 **날**⁴⁰고기라고 많이 먹지 않았지만, 행복한 표정을 지었습니다.

36. 아버지 ………… (   )

37. 어머니 ………… (   )

38. 아 우 ………… (   )

39.   네 ………… (   )

40.   날 ………… (   )

5. 아래 글의 ㉠과 ㉡의 ( ) 속에 쓴 글자에 공통으로 쓰이는 漢字(한자)를 例(예)에서 골라 그 번호를 쓰세요. (41~43)

―――<例예>―――
① 小 ② 教 ③ 少 ④ 水 ⑤ 校 ⑥ 火

41. ………… (   )
㉠ 어제 (교)내 백일장이 열렸습니다.
㉡ 우리 집에서 멀지 않은 곳에 대학(교) 하나가 있습니다.

42. ………… (   )
㉠ 소(화)기를 어디에 두었습니까?
㉡ (화)성에 생명체가 있다는 주장이 제기되었습니다.

43. ………… (   )
㉠ 이 병원에는 (소)아과가 없습니다.
㉡ (소)형차는 기름이 적게 듭니다.

6. 다음 글자들은 무슨 뜻이며, 어떤 소리로 읽을까요? 例(예)에서 골라 그 번호를 써 넣으세요. (44~48)

―――<例예>―――
① 마디   ② 청   ③ 가르치다
④ 학   ⑤ 가리키다 ⑥ 배우다
⑦ 촌   ⑧ 푸르다

44. 學은(는) _____(이)라는 뜻입니다.

45. 靑은(는) _____(이)라고 읽습니다.

46. 寸은(는) _____(이)라는 뜻입니다.

47. 寸은(는) _____(이)라고 읽습니다.

48. 教은(는) _____(을)를 뜻하는 글자입니다.

7. 다음 漢字(한자)의 필순에 대한 물음에 답하시오. (49~50)

49.  南 자에서 ★표한 획은 몇 번째 쓰는지 그 번호를 숫자로 쓰시오. ……(번째)

50.  年 자에서 ★표한 획은 몇 번째 쓰는지 그 번호를 숫자로 쓰시오. ……(번째)

➡ 정답은 112쪽

제 4 회 한 자 능 력 검 정 시 험 8급 예 상 문 제

(시험시간 : 50분. 시험문항 : 50문제. 합격문항 : 35문제이상) 성명 _____

1. 다음 글을 읽고 번호가 매겨진 漢字(한자)나 漢字語(한자어)의 讀音(독음)을 쓰세요. (1~32)

---〈例예〉---
漢字 → 한자

◆ 양호 先¹生²님께서는 양호室³을 잠깐 비우셨습니다.

◆ 우리 어머니께서는 外⁴할아버지의 長⁵女⁶이십니다.

◆ 中⁷國⁸과 日⁹본은 우리 나라와 함께 동북아시아에 위치해 있습니다.

◆ 로케트를 발명한 人¹⁰류는 이제 水¹¹성에서 명王¹²성까지 어느 행성이든 마음만 먹으면 쉽게 조사할 수 있습니다.

◆ 옛날에는 왕과 民¹³과의 관계를 父¹⁴母¹⁵와 자식간의 관계와 비슷하다고 생각했습니다.

1. 先 :   2. 生 :

3. 室 :   4. 外 :

5. 長 :   6. 女 :

7. 中 :   8. 國 :

9. 日 :   10. 人 :

11. 水 :   12. 王 :

13. 民 :   14. 父 :

15. 母 :

2. 다음 漢字의 訓(훈:뜻)과 音(음)을 쓰세요.
(1~32)

---〈例예〉---
音 → 소리 음

16. 門 :   17. 年 :

18. 土 :   19. 八 :

20. 二 :   21. 木 :

22. 敎 :   23. 校 :

24. 學 :   25. 北 :

3. 다음에 알맞은 漢字(한자)를 例(예)에서 골라 그 번호를 쓰세요.

---〈例예〉---
① 十 ② 弟 ③ 金 ④ 韓 ⑤ 靑
⑥ 九 ⑦ 六 ⑧ 寸 ⑨ 南 ⑩ 山

26. 쇠 금 / 성 김········· (   )

27. 남녘 남 ·········· (   )

28. 여섯 륙 ·········· (   )

29. 메 산 ·········· (   )

30. 푸를 청 ·········· (   )

31. 마디 촌 ·········· (   )

32. 한국 한 ·········· (   )

33. 열 십 ·········· (   )

34. 아우 제 ·········· (   )

35. 아홉 구 ·········· (   )

4. 다음 밑줄 친 낱말의 뜻에 알맞은 漢字(한자)를 例(예)에서 찾아 그 번호를 쓰세요. (1~32)

---〈例예〉---
① 木 ② 大 ③ 月 ④ 小 ⑤ 火 ⑥ 白

날이 저물자, 하늘에는 달³⁶이 떴습니다. 달은 <u>희다</u>³⁷ 못해 너무 밝은 나머지, 평소에 <u>작아</u>³⁸ 보였던 것이 지금은 <u>커</u>³⁹보입니다. 오늘만큼은 저 달이 <u>불</u>⁴⁰꽃이 타오르는 것 같은 태양보다 더 밝아보입니다.

36. 달 ………… (　　　　)

37. 희다 ………… (　　　　)

38. 작아 ………… (　　　　)

39. 커 ………… (　　　　)

40. 불 ………… (　　　　)

5. 아래 글의 ㉠과 ㉡의 ( ) 속에 쓴 글자에 공통으로 쓰이는 漢字(한자)를 例(예)에서 골라 그 번호를 쓰세요. (1~32)

```
┌─── 〈例예〉 ───┐
① 西 ② 一 ③ 三 ④ 二 ⑤ 國 ⑥ 四
```

41. ………… (　　　　)

㉠ 우리 반의 학생 수는 (사)십명입니다.

㉡ 선생님께서 오늘 '(사)면초가' 라는 고사성어의 유래를 가르쳐 주셨습니다.

42. ………… (　　　　)

㉠ 도서관 (서)쪽에는 밤나무 한 그루가 있습니다.

㉡ (서)대문 형무소는 이제 하나의 유적이 되었습니다.

43. ………… (　　　　)

㉠ 대개 (일)방적인 주장은 설득력이 없습니다.

㉡ (일)반인들도 전문가들이 잘 모르는 것에 대해 잘 알고 있는 경우가 많습니다.

6. 다음 글자들은 무슨 뜻이며, 어떤 소리로 읽을까요? 例(예)에서 골라 그 번호를 써 넣으세요. (1~32)

```
┌─────── 〈例예〉 ───────┐
① 희다  ② 군  ③ 일곱  ④ 백
⑤ 일만  ⑥ 칠  ⑦ 군사  ⑧ 민
```

44. 軍은(는) _____(이)라는 뜻입니다.

45. 七은(는) _____(이)라고 읽습니다.

46. 白은(는) _____(이)라는 뜻입니다.

47. 白은(는) _____(이)라고 읽습니다.

48. 萬은(는) _____(을)를 가리키는 글자입니다.

7. 다음 漢字(한자)의 필순에 대한 물음에 답하시오. (49~50)

49. 東 자에서 ★표한 획은 몇 번째 쓰는지 그 번호를 숫자로 쓰시오. ……(　　번째)

50. 母 자에서 ★표한 획은 몇 번째 쓰는지 그 번호를 숫자로 쓰시오. ……(　　번째)

▶ 정답은 112쪽

제5회 한자능력검정시험 8급 예상문제

(시험시간 : 50분. 시험문항 : 50문제. 합격문항 : 35문제이상) 성명 _____

1. 다음 글을 읽고 번호가 매겨진 漢字(한자)나 漢字語(한자어)의 讀音(독음)을 쓰세요. (1~15)

――〈例예〉――
漢字 → 한자

◆ 韓¹民²족은 반萬³年⁴동안 유구한 역사를 지닌 채, 단一⁵ 민족國⁶가를 이루어 왔습니다.

◆ 우리 나라에는 부山⁷, 광주, 인천, 大⁸전, 대구, 울산 등 六⁹개 광역시가 있습니다.

◆ 몇 년전까지만 해도 五¹⁰月¹¹ 八¹²日¹³ 어버이날은 휴일이었습니다.

◆ 어떤 건물에는 女¹⁴자 화장室¹⁵이 없습니다.

1. 韓 :   2. 民 :

3. 萬 :   4. 年 :

5. 一 :   6. 國 :

7. 山 :   8. 大 :

9. 六 :   10. 五 :

11. 月 :   12. 八 :

13. 日 :   14. 女 :

15. 室 :

2. 다음 漢字의 訓(훈:뜻)과 音(음)을 쓰세요. (16~25)

――〈例예〉――
音 → 소리 음

16. 母 :   17. 靑 :

18. 弟 :   19. 火 :

20. 四 :   21. 敎 :

22. 北 :   23. 七 :

24. 長 :   25. 九 :

3. 다음에 알맞은 漢字(한자)를 例(예)에서 골라 그 번호를 쓰세요. (26~35)

――〈例예〉――
① 土 ② 金 ③ 東 ④ 寸 ⑤ 十
⑥ 西 ⑦ 三 ⑧ 校 ⑨ 白 ⑩ 二

26. 석 삼 ………… (   )

27. 마디 촌 ………… (   )

28. 두 이 ………… (   )

29. 흙 토 ………… (   )

30. 서녘 서 ………… (   )

31. 동녘 동 ………… (   )

32. 흰 백 ………… (   )

33. 열 십 ………… (   )

34. 쇠 금 / 성 김……… (   )

35. 학교 교 ………… (   )

4. 다음 밑줄 친 낱말의 뜻에 알맞은 漢字(한자)를 例(예)에서 찾아 그 번호를 쓰세요. (36~40)

――〈例예〉――
① 木 ② 先 ③ 王 ④ 外 ⑤ 大 ⑥ 日

오늘은 학교 **바깥**³⁶으로 나가, 견학을 하면서 수업을 하는 **날**³⁷입니다. 처음에는 어느

임금³⁸의 능인지 잘 몰랐는데, 선생님께서
잘 설명해 주셨습니다. 능 주변에는 <u>나무</u>³⁹
들이 많았는데, 날씨가 더워서 서로 <u>먼저</u>⁴⁰
그늘을 차지하려고 야단들입니다.

36. 바깥 ‥‥‥‥‥ (   )

37. 날 ‥‥‥‥‥ (   )

38. 임금 ‥‥‥‥‥ (   )

39. 나무 ‥‥‥‥‥ (   )

40. 먼저 ‥‥‥‥‥ (   )

5. 아래 글의 ㉠과 ㉡의 ( ) 속에 쓴 글자에
공통으로 쓰이는 漢字(한자)를 例(예)에서 골라 그
번호를 쓰세요. (41~43)

┌─────── 〈例예〉 ───────┐
│ ① 水 ② 月 ③ 門 ④ 木 ⑤ 軍 ⑥ 國 │
└──────────────────────┘

41. ‥‥‥‥‥ (   )

㉠ 우리 학교 교(문) 옆에는 경비실이
있습니다.

㉡ 남대(문) 시장은 우리 나라의 대표적인
시장입니다.

42. ‥‥‥‥‥ (   )

㉠ (수)소는 폭발하기 쉬운 기체입니다.

㉡ 요즘 약(수)터에는 수질 검사 결과를
알리는 표지판이 하나씩 있습니다.

43. ‥‥‥‥‥ (   )

㉠ 어떤 사람들은 (군)복을 즐겨 입습니다.

㉡ 내 친구 형은 육(군)사관학교에 입학
했습니다.

6. 다음 글자들은 무슨 뜻이며, 어떤 소리로
읽을까요? 例(예)에서 골라 그 번호를 써
넣으세요. (44~48)

┌─────── 〈例예〉 ───────┐
│ ① 중 ② 작다 ③ 생 ④ 아버지 │
│ ⑤ 부 ⑥ 가운데 ⑦ 살다 ⑧ 적다 │
└──────────────────────┘

44. 中은(는) _____(이)라는 뜻입니다.

45. 父은(는) _____(이)라고 읽습니다.

46. 生은(는) _____(이)라는 뜻입니다.

47. 生은(는) _____(이)라고 읽습니다.

48. 小은(는) _____(을)를 가리키는 글자
입니다.

7. 다음 漢字(한자)의 필순에 대한 물음에 답하시오.
(49~50)

49. 民 자에서 ★표한 획은 몇 번째 쓰는지
그 번호를 숫자로 쓰시오. ‥‥‥(번째)

50. 北 자에서 ★표한 획은 몇 번째 쓰는지
그 번호를 숫자로 쓰시오. ‥‥‥(번째)

➡ 정답은 113쪽

제6회 한자능력검정시험 8급 예상문제

(시험시간 : 50분. 시험문항 : 50문제. 합격문항 : 35문제이상) 성명 _____

1. 다음 訓(훈=뜻)에 알맞은 漢字(한자)를 例(예)에서 찾아 그 번호를 쓰세요. (1~8)

─〈例예〉─
① 四　② 大　③ 木　④ 韓
⑤ 水　⑥ 外　⑦ 校　⑧ 西

1. 학교 (　　　)　　　2. 서녘 (　　　)

3. 넷 (　　　)　　　4. 물 (　　　)

5. 한국 (　　　)　　　6. 크다 (　　　)

7. 바깥 (　　　)　　　8. 나무 (　　　)

2. 다음 글을 읽고 漢字(한자)의 讀音(독음)을 쓰세요. (9~16)

─〈例예〉─
字 → 자

우리 집은 시골입니다.
나는 양력으로 十⁹月¹⁰九¹¹日¹²에 태어났고, 지금은 초등學¹³校 五¹⁴學年¹⁵ 學生¹⁶입니다.

9. 十 →　　　　　10. 月 →

11. 九 →　　　　　12. 日 →

13. 學 →　　　　　14. 五 →

15. 年 →　　　　　16. 生 →

3. 다음 漢字(한자)에 알맞은 訓(훈=뜻)을 例(예)에서 찾아 그 번호를 쓰세요. (17~24)

─〈例예〉─
① 아우　② 푸름　③ 흙　④ 메
⑤ 동녘　⑥ 쇠　⑦ 여덟　⑧ 불

17. 金 (　　　)　　　18. 火 (　　　)

19. 東 (　　　)　　　20. 八 (　　　)

21. 土 (　　　)　　　22. 弟 (　　　)

23. 靑 (　　　)　　　24. 山 (　　　)

4. 다음 漢字(한자)의 訓(훈=뜻)과 音(음=소리)을 쓰세요. (25~36)

─〈例예〉─
字 → 글자 자

25. 國 (　　　)　　　26. 白 (　　　)

27. 六 (　　　)　　　28. 小 (　　　)

29. 母 (　　　)　　　30. 人 (　　　)

31. 北 (　　　)　　　32. 寸 (　　　)

33. 兄 (　　　)　　　34. 長 (　　　)

35. 女 (　　　)　　　36. 敎 (　　　)

5. 다음 글을 읽고 밑줄 친 말에 해당하는 漢字(한자)를 例(예)에서 찾아 그 번호를 쓰세요. (37~46)

─〈例예〉─
① 二　② 門　③ 父　④ 南　⑤ 民
⑥ 軍　⑦ 室　⑧ 一　⑨ 王　⑩ 七

◆ 남쪽³⁷ 있는 문³⁸을 남문이라고 한다.

◆ <u>군사</u>³⁹들은 자기 나라 **백성**⁴⁰의 생명과
　재산을 지켜준다.

◆ <u>일곱</u>⁴¹에서 **하나**⁴²를 더 하면 여덟이 된다.

◆ 옛날부터 한 나라에 **두**⁴³ **임금**⁴⁴은 없었습
　니다.

◆ 우리 **집**⁴⁵에는 **아버지**⁴⁶만의 특별한 방이
　하나 있다.

37. 남쪽 (　　　)　　38. 문　　　 (　　　　)

39. 군사 (　　　)　　40. 백성　 (　　　　)

41. 일곱 (　　　)　　42. 하나　 (　　　　)

43. 두　 (　　　)　　44. 임금　 (　　　　)

45. 집　 (　　　)　　46. 아버지 (　　　　)

6. 다음의 漢字(한자)는 무엇을 본떠서 만든 글자
입니다. 例(예)에서 그 번호를 찾아 쓰세요.
(47~48)

> ───── 〈例예〉 ─────
>
> ① 日　 ② 月　 ③ 弟　 ④ 兄

47. 초승 '달' 의 모양을 본 떠서 만든 글자는?
…………………………………… (　　　)

48. 아우를 말로 잘 타이르고 지도하는 사람이
'형' 이라는 뜻의 글자?………… (　　　)

7. 다음 漢字(한자)의 필순에 대한 물음에 답하시오.
(49~50)

49. ★水 자에서 ★표한 획은 몇 번째 쓰는지
　　　 그 번호를 고르시오.　…(　　　)

① 첫 번째　 ② 두 번째　 ③ 세 번째　 ④ 네 번째

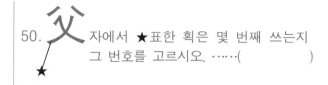

50. 父 자에서 ★표한 획은 몇 번째 쓰는지
　　 그 번호를 고르시오. ……(　　　)

① 첫 번째　 ② 두 번째　 ③ 세 번째　 ④ 네 번째

➡ 정답은 113쪽

제7회 한자능력검정시험 8급 예상문제

(시험시간 : 50분. 시험문항 : 50문제. 합격문항 : 35문제이상) 성명 _____

1. 다음 글을 읽고 밑줄 친 말에 해당하는 漢字(한자)를 例(예)에서 찾아 그 번호를 쓰세요. (1~12)

─── 〈例예〉 ───

① 寸 ② 生 ③ 大 ④ 外 ⑤ 國 ⑥ 八
⑦ 九 ⑧ 韓 ⑨ 金 ⑩ 民 ⑪ 年 ⑫ 先

◆ 우리나라 이름은 대¹한²민³국⁴이다.

◆ 김⁵구⁶선⁷생⁸님은 우리나라 광복을 위해 싸우신 분이셨다.

◆ 나는 이 곳에서 팔⁹년¹⁰째 살고 있다.

◆ 우리 외¹¹삼촌¹²은 발명가시다.

1. 대 (   )   2. 한 (   )

3. 민 (   )   4. 국 (   )

5. 김 (   )   6. 구 (   )

7. 선 (   )   8. 생 (   )

9. 팔 (   )   10. 년 (   )

11. 외 (   )   12. 촌 (   )

2. 다음 글을 읽고 밑줄 친 漢字(한자)의 讀音(독음)을 쓰세요. (13~18)

─── 〈例예〉 ───

字 → 자

(가) 十¹³月¹⁴三¹⁵日¹⁶은 개천절로, 단군 할아버지께서 우리 나라를 세우신 날이다.

(나) 여름에 앓는 감기가 매우 고약하다는 뜻

으로, '五¹⁷六¹⁸月 감기는 개도 아니 앓는다'는 속담이 있다.

13. 十 →   14. 月 →

15. 三 →   16. 日 →

17. 五 →   18. 六 →

3. 다음 漢字(한자)에 알맞은 訓(훈=뜻)을 例(예)에서 찾아 그 번호를 쓰세요. (19~26)

─── 〈例예〉 ───

① 나무   ② 서녘   ③ 흙   ④ 가운데
⑤ 학교   ⑥ 어미   ⑦ 일만   ⑧ 가르치다

19. 校 (   )   20. 中 (   )

21. 木 (   )   22. 土 (   )

23. 萬 (   )   24. 敎 (   )

25. 母 (   )   26. 西 (   )

4. 다음 漢字(한자)의 訓(훈=뜻)과 音(음=소리)을 쓰세요. (27~38)

─── 〈例예〉 ───

字 → 글자 자

27. 靑 (   )   28. 二 (   )

29. 人 (   )   30. 王 (   )

31. 軍 (   )   32. 父 (   )

33. 長 (   )   34. 寸 (   )

35. 白 (　　　　　)　36. 弟 (　　　　　)

37. 女 (　　　　　)　38. 學 (　　　　　)

5. 다음 訓(훈=뜻)에 알맞은 漢字(한자)를 例(예)에서
　찾아 그 번호를 쓰세요. (39~46)

┌────── 〈例예〉 ──────┐
│　① 南　② 小　③ 一　④ 室　│
│　⑤ 七　⑥ 兄　⑦ 門　⑧ 火　│
└──────────────────┘

39. 남녘 (　　　)　　40. 집　(　　　)

41. 문　(　　　)　　42. 형　(　　　)

43. 작다 (　　　)　　44. 불　(　　　)

45. 하나 (　　　)　　46. 일곱 (　　　)

6. 다음의 漢字(한자)는 무엇을 본떠서 만든 글자
　입니다. 例(예)에서 그 번호를 찾아 쓰세요.
　(47~48)

┌────── 〈例예〉 ──────┐
│　① 日　② 月　③ 母　④ 女　│
└──────────────────┘

47. 다소곳이 꿇어앉아 있는 '여자'의 모
습을 본 떠서 만든 글자는?……… (　　　)

48. '해'의 모양을 본뜬 글자로, 해가 뜨고 지는
하루인 '날'을 뜻하기도 하는 글자는? … (　　　)

7. 다음 漢字(한자)의 필순에 대한 물음에 답하시오.
　(49~50)

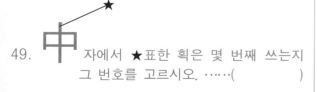

49. 　　자에서 ★표한 획은 몇 번째 쓰는지
　　그 번호를 고르시오. ……(　　　)

① 첫 번째　② 두 번째　③ 세 번째　④ 네 번째

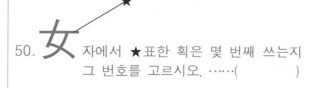

50. 　　자에서 ★표한 획은 몇 번째 쓰는지
　　그 번호를 고르시오. ……(　　　)

① 첫 번째　② 두 번째　③ 세 번째　④ 네 번째

▶ 정답은 113쪽

(시험시간 : 50분. 시험문항 : 50문제. 합격문항 : 35문제이상) 성명 ＿＿＿＿＿＿＿

1. 다음 訓(훈=뜻)**이나 音**(음=소리)**에 알맞은 漢字**(한자)**를 例**(예)**에서 찾아 그 번호를 쓰세요.** (1~8)

───〈例예〉───

① 水   ② 七   ③ 木   ④ 月
⑤ 山   ⑥ 長   ⑦ 八   ⑧ 中

칠¹팔²월³은 날씨가 더운데 운동장에 있으면 나무⁴ 그늘이 매우 그립습니다. 또한, 산⁵ 속⁶의 시원한 계곡 물⁷에 손과 발을 오래⁸도록 담그고 싶어집니다. 선풍기나 에어컨 바람과는 비교가 되지 않습니다.

1. 칠 (   )   2. 팔 (   )

3. 월 (   )   4. 나무 (   )

5. 산 (   )   6. 속 (   )

7. 물 (   )   8. 오래 (   )

2. 다음 글을 읽고 밑줄 친 漢字(한자)**의 讀音**(독음)**을 쓰세요.** (9~16)

───〈例예〉───

字 → 자

◆ 五⁹月五日¹⁰은 어린이 날인데다 서영이의 生¹¹日이기도 합니다.

◆ 음력으로 八月十¹²五日은 우리 民¹³族족의 최대 명절인 추석입니다.

◆ 고구려는 백제, 신라보다 먼저 세워진 우리의 옛나라로, 廣광開개土¹⁴大¹⁵王¹⁶이 생각납니다.

9. 五 →   10. 日 →

11. 生 →   12. 十 →

13. 民 →   14. 土 →

15. 大 →   16. 王 →

3. 다음 漢字(한자)**에 알맞은 訓**(훈=뜻)**을 例**(예)**에서 찾아 그 번호를 쓰세요.** (17~24)

───〈例예〉───

① 아우   ② 여섯   ③ 한국   ④ 넉
⑤ 북녘   ⑥ 군사   ⑦ 일만   ⑧ 해

17. 韓 (   )   18. 萬 (   )

19. 軍 (   )   20. 六 (   )

21. 年 (   )   22. 北 (   )

23. 四 (   )   24. 弟 (   )

4. 다음 漢字(한자)**의 訓**(훈=뜻)**과 音**(음=소리)**을 쓰세요.** (25~36)

───〈例예〉───

字 → 글자 자

25. 靑 (   )   26. 先 (   )

27. 外 (   )   28. 白 (   )

29. 三 (   )   30. 父 (   )

31. 南 (   )   32. 九 (   )

33. 學 (   )   34. 校 (   )

35. 室 (   )   36. 一 (   )

5. 다음 글을 읽고 밑줄 친 말에 해당하는 漢字(한자)를 例(예)에서 찾아 그 번호를 쓰세요. (37~46)

〈例예〉

① 二　② 金　③ 母　④ 西　⑤ 女
⑥ 國　⑦ 敎　⑧ 東　⑨ 小　⑩ 兄

◆ 우리 형³⁷님은 이³⁸학년 삼반인데, 선생님께 **가르침**³⁹을 받습니다.

◆ 우리 **나라**⁴⁰는 중국보다 **동쪽**⁴¹에 위치하고 있습니다.

◆ 식구 중에서 **어머니**⁴²와 나는 **여자**⁴³입니다.

◆ 서울의 궁궐 중, **서쪽**⁴⁴으로 난 **작은**⁴⁵ 대문이 서소문입니다.

◆ **돈·쇠·성씨**⁴⁶ 등의 뜻을 가졌지만 한자로는 한 글자입니다.

37. 형　　（　　　）　　38. 이　　　（　　　　）

39. 가르침（　　　）　　40. 나라　（　　　　）

41. 동쪽　（　　　）　　42. 어머니（　　　　）

43. 여자　（　　　）　　44. 서쪽　（　　　　）

45. 작은　（　　　）　　46. 돈·쇠·성씨（　　　　）

6. 다음의 漢字(한자)는 무엇을 본떠서 만든 글자입니다. 例(예)에서 그 번호를 찾아 쓰세요. (47~48)

〈例예〉

① 門　　② 母　　③ 八　　④ 人

47. 다리를 내딛고 서 있는 '**사람**'의 모양을 본 떠서 만든 글자는? ………… （　　　）

48. 두 문짝이 서로 마주하는 '**문**'의 모양을 본떠서 만든 글자는? ………………… （　　　）

7. 다음 漢字(한자)의 필순에 대한 물음에 답하시오. (49~50)

49. 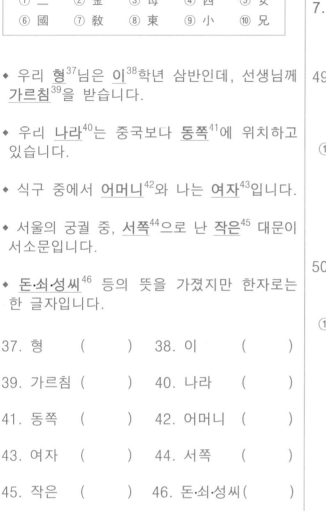 寸 자에서 ★표한 획은 몇 번째 쓰는지 그 번호를 고르시오. …… （　　　）

① 첫 번째　② 두 번째　③ 세 번째　④ 네 번째

50. 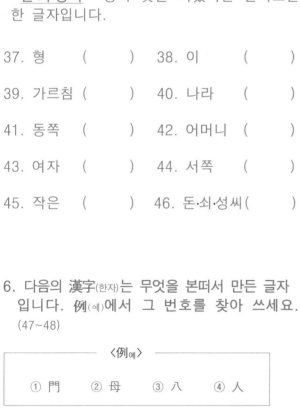 火 자에서 ★표한 획은 몇 번째 쓰는지 그 번호를 고르시오. …… （　　　）

① 첫 번째　② 두 번째　③ 세 번째　④ 네 번째

➡ 정답은 113쪽

(시험시간 : 50분. 시험문항 : 50문제. 합격문항 : 35문제^{이상}) 성명 _____

1. 다음 글을 읽고 밑줄 친 말에 해당하는 漢字(한자)를 例(예)에서 찾아 그 번호를 쓰세요.
(1~12)

─── 〈例예〉 ───

① 生 ② 女 ③ 年 ④ 母 ⑤ 日 ⑥ 弟
⑦ 五 ⑧ 三 ⑨ 軍 ⑩ 兄 ⑪ 父 ⑫ 長

◆ 왜군[1]과의 싸움터에서 이순신 장군을 도운 마씨 삼[2]형[3]제[4]는 용감하였다.

◆ 우리집 장[5]녀[6]인 나는 부[7]모[8]님의 말씀을 특히 잘 들으려고 노력합니다.

◆ 애경이와 환익이는 연[9]년[10]생[11]인데 생일[12]은 3월 3일로 같다.

1. 군 (   )   2. 삼 (   )

3. 형 (   )   4. 제 (   )

5. 장 (   )   6. 녀 (   )

7. 부 (   )   8. 모 (   )

9. 연 (   )   10. 년 (   )

11. 생 (   )   12. 일 (   )

2. 다음 글을 읽고 밑줄 친 말에 해당하는 漢字(한자)를 例(예)에서 찾아 그 번호를 쓰세요.
(13~22)

─── 〈例예〉 ───

① 國 ② 敎 ③ 北 ④ 小 ⑤ 南
⑥ 校 ⑦ 長 ⑧ 學 ⑨ 山 ⑩ 大

◆ 학교[13]에는 여러 선생님들이 계시면서 배우는[14] 우리들에게 공부를 가르쳐[15] 주십니다.

◆ 우리 나라[16] 태백산맥은 크고[17] 작은[18]산[19] 봉우리들이 어우러져 북쪽[20]에서 남쪽[21]으로 길게[22] 뻗어 있습니다.

13. 학교 (   )   14. 배우는 (   )

15. 가르쳐 (   )   16. 나라 (   )

17. 크고 (   )   18. 작은 (   )

19. 산 (   )   20. 북쪽 (   )

21. 남쪽 (   )   22. 길게 (   )

3. 다음 漢字語(한자어)의 讀音(독음)에 알맞은 번호를 例(예)에서 찾아 쓰세요. (23~35)

─── 〈例예〉 ───

① 일국 ② 육만 ③ 한중 ④ 토민 ⑤ 외인
⑥ 선금 ⑦ 칠십 ⑧ 청백 ⑨ 왕실 ⑩ 화목
⑪ 팔촌 ⑫ 오월 ⑬ 동문

23. 一國 (   )   24. 八寸 (   )

25. 東門 (   )   26. 火木 (   )

27. 六萬 (   )   28. 靑白 (   )

29. 王室 (   )   30. 五月 (   )

31. 韓中 (   )   32. 七十 (   )

33. 外人 (   )   34. 先金 (   )

35. 土民 (   )

4. 다음 漢字(한자)의 訓(훈=뜻)과 音(음=소리)을 쓰세요. (36~46)

50. 王 자에서 ★표한 획은 몇 번째 쓰는지
그 번호를 고르시오. …… (   )

① 첫 번째   ② 두 번째   ③ 세 번째   ④ 네 번째

➡ 정답은 114쪽

┌─────── 〈例예〉 ───────┐
│   字 → 글자 자   │
└────────────────────────┘

36. 九 (   )   37. 二 (   )

38. 水 (   )   39. 西 (   )

40. 四 (   )   41. 弟 (   )

42. 日 (   )   43. 五 (   )

44. 年 (   )   45. 兄 (   )

46. 軍 (   )

5. 다음의 漢字(한자)는 무엇을 본뜨거나 뜻을
나타내는 글자입니다. 例(예)에서 그 번호를
찾아 쓰세요. (47~48)

┌─────── 〈例예〉 ───────┐
│ ① 土   ② 大   ③ 王   ④ 木 │
└────────────────────────┘

47. 땅에 뿌리를 내리고 가지를 치며 자라는
'나무'의 모양을 본 떠서 만든 글자는?
…………………………………… (   )

48. 대체로 싹이 돋아나는 곳이 '흙'이라는
뜻을 나타낸 글자는? ……………… (   )

6. 다음 漢字(한자)의 필순에 대한 물음에 답하시오.
(49~50)

49. 西 자에서 ★표한 획은 몇 번째 쓰는지
그 번호를 고르시오. …… (   )

① 첫 번째   ② 두 번째   ③ 세 번째   ④ 네 번째

제10회 한자능력검정시험 8급 예상문제

(시험시간 : 50분. 시험문항 : 50문제. 합격문항 : 35문제이상) 성명 _____

1. 다음 訓(훈=뜻)에 알맞은 漢字(한자)를 例(예)에서 찾아 그 번호를 쓰세요. (1~8)

―――――〈例예〉―――――
① 二	② 人	③ 水	④ 月
⑤ 五	⑥ 八	⑦ 木	⑧ 日

1. 여덟 (   )   2. 사람 (   )

3. 해 (   )   4. 달 (   )

5. 나무 (   )   6. 물 (   )

7. 다섯 (   )   8. 둘 (   )

2. 다음 글을 읽고 밑줄 친 漢字(한자)의 讀音(독음)을 쓰세요. (9~19)

―――――〈例예〉―――――

字 → 자

◆ <u>三寸</u>[9]은 <u>大學校</u>[10] <u>二學年</u>[11]입니다.

◆ 글쓰기 시간에 <u>父母</u>[12]님께 편지를 썼습니다.

◆ 세종 <u>大王</u>[13]께서는 한글을 창제하셨습니다.

◆ 서울에는 세계적으로 이름난 <u>山</u>[14]인 북한산이 있습니다.

◆ <u>南</u>[15]과 <u>北</u>[16]은 기러기들이 지나는 길이요, <u>東</u>[17]과 <u>西</u>[18]는 해와 달이 뜨고지는 <u>門</u>[19]이라.

9. 三寸   (   )

10. 大學校   (   )

11. 二學年   (   )

12. 父母   (   )

13. 大王   (   )

14. 山   (   )

15. 南   (   )

16. 北   (   )

17. 東   (   )

18. 西   (   )

19. 門   (   )

3. 다음 漢字(한자)에 알맞은 訓(훈=뜻)을 例(예)에서 찾아 그 번호를 쓰세요. (20~27)

―――――〈例예〉―――――
① 하나	② 먼저	③ 아홉	④ 가운데
⑤ 일곱	⑥ 일만	⑦ 형	⑧ 넷

20. 四 (   )   21. 兄 (   )

22. 萬 (   )   23. 中 (   )

24. 九 (   )   25. 一 (   )

26. 七 (   )   27. 先 (   )

4. 다음 漢字(한자)의 訓(훈=뜻)과 音(음=소리)을 쓰세요. (28~39)

―――――〈例예〉―――――

字 → 글자 자

28. 北 (   )   29. 東 (   )

30. 民 (   ) 31. 室 (   )

32. 西 (   ) 33. 軍 (   )

34. 金 (   ) 35. 外 (   )

36. 白 (   ) 37. 南 (   )

38. 十 (   ) 39. 女 (   )

5. 다음 글을 읽고 밑줄 친 말에 해당하는
   漢字(한자)를 例(예)에서 찾아 그 번호를 쓰세요.
   (40~45)

───── 〈例예〉 ─────
① 六   ② 弟   ③ 小   ④ 年   ⑤ 土   ⑥ 靑

◆ 아스팔트나 시멘트로 만든 길보다는 흙⁴⁰길이
  나는 더 좋았습니다.

◆ 여름이 되니 나뭇잎이 더욱 푸르러⁴¹ 졌습니다.

◆ 나와 동생⁴²과는 나이⁴³가 여섯⁴⁴살 차이가
  난다.

◆ 아무리 작은⁴⁵ 잘못이라도 다시는 하지
  말도록 해야겠다.

40. 흙   (   ) 41. 푸르러 (   )

42. 동생 (   ) 43. 나이   (   )

44. 여섯 (   ) 45. 작은   (   )

6. 다음의 漢字(한자)는 무엇을 본떠서 만들었거나,
   뜻을 나타낸 글자입니다. 例(예)에서 그 번호를
   찾아 쓰세요. (46~48)

───── 〈例예〉 ─────
① 火   ② 敎   ③ 長   ④ 弟

46. 회초리를 들고 아이들에게 좋은 일을
    본받도록 '가르친다' 는 뜻의 글자는?
    ·· (   )

47. 활활 타오르는 '불꽃' 의 모양을 본 떠서
    만든 글자는? ······················· (   )

48. 수염과 머리카락이 '긴' 노인의 모양을
    본 떠서 만든 글자는? ············ (   )

7. 다음 漢字(한자)의 필순에 대한 물음에 답하시오.
   (49~50)

49. 門 자에서 ★표한 획은 몇 번째 쓰는지
    그 번호를 고르시오. ······ (   )

    ① 네 번째   ② 다섯 번째   ③ 여섯 번째   ④ 여덟 번째

50. 九 자에서 ★표한 획은 몇 번째 쓰는지
    그 번호를 고르시오. ······ (   )

    ① 첫 번째   ② 두 번째

➡ 정답은 114쪽

【8급 예상문제 정답】

<제1회>

1.이 2.월 3.오 4.일 5.생
6.동 7.대 8.문 9.중 10.학
11.교 12.북 13.한 14.금 15.산

16.마디 촌 17.녁 사 18.일곱 칠
19.서녘 서 20.형 형 21.열 십
22.물 수 23.아홉 구 24.나무 목
25.불 화

26. ⑦ 27. ④ 28. ⑥ 29. ① 30. ⑩
31. ③ 32. ⑤ 33. ② 34. ⑧ 35. ⑨

36. ⑤ 37. ① 38. ② 39. ⑥ 40. ③

41. ⑥ 42. ② 43. ④

44. ① 45. ⑧ 46. ⑦ 47. ② 48. ④

49. 2 50. 10

<제2회>

1.만 2.대 3.왕 4.화 5.금
6.학 7.국 8.군 9.이 10.십
11.사 12.삼 13.촌 14.청 15.년

16.동녘 동 17.바깥 외 18.여섯 륙
19.날 생 20.날 일 21.먼저 선
22.긴 장 23.아우 제 24.남녘 남
25.달 월

26. ⑥ 27. ⑧ 28. ① 29. ⑩ 30. ③
31. ⑤ 32. ④ 33. ⑨ 34. ② 35. ⑦

36. ④ 37. ⑥ 38. ⑤ 39. ③ 40. ②

41. ④ 42. ③ 43. ②

44. ⑥ 45. ④ 46. ② 47. ⑧ 48. ③

49. 9 50. 5

<제3회>

1.칠 2.장 3.십 4.중 5.팔
6.구 7.외 8.일 9.민 10.국
11.월 12.년 13.서 14.목 15.남

16.나라 한 17.군사 군 18.쇠 금/성 김
19.다섯 오 20.일만 만 21.임금 왕
22.메 산 23.석 삼 24.큰 대
25.여섯 륙

26. ④ 27. ⑤ 28. ⑩ 29. ① 30. ⑦
31. ⑨ 32. ② 33. ⑥ 34. ⑧ 35. ③

36. ③ 37. ⑤ 38. ⑥ 39. ① 40. ④

41. ⑤ 42. ⑥ 43. ①

44. ⑥ 45. ② 46. ① 47. ⑦ 48. ③

49. 9 50. 6

<제4회>

1.선 2.생 3.실 4.외 5.장
6.녀 7.중 8.국 9.일 10.인
11.수 12.왕 13.민 14.부 15.모

16.문 문 17.해 년 18.흙 토
19.여덟 팔 20.두 이 21.나무 목
22.가르칠 교 23.학교 교 24.배울 학
25.북녘 북

26. ③ 27. ⑨ 28. ⑦ 29. ⑩ 30. ⑤
31. ⑧ 32. ④ 33. ① 34. ② 35. ⑥

36. ③ 37. ⑥ 38. ④ 39. ② 40. ⑤

41. ⑥ 42. ① 43. ②

44. ⑦ 45. ⑥ 46. ① 47. ④ 48. ⑤

49. 6 50. 5

<제5회>

1.한   2.민   3.만   4.년   5.일
6.국   7.산   8.대   9.육   10.오
11.월   12.팔   13.일   14.여   15.실

16.어미 모   17.푸를 청   18.아우 제
19.불 화   20.녘 사   21.가르칠 교
22.북녘 북   23.일곱 칠   24.길 장
25.아홉 구

26. ⑦   27. ④   28. ⑩   29. ①   30. ⑥
31. ③   32. ⑨   33. ⑤   34. ②   35. ⑧

36. ④   37. ⑥   38. ③   39. ①   40. ②

41. ③   42. ①   43. ⑤

44. ⑥   45. ⑤   46. ⑦   47. ③   48. ②

49. 3   50. 1

<제6회>

1. ⑦   2. ⑧   3. ①   4. ⑤   5. ④
6. ②   7. ⑥   8. ③

9. 시   10. 월   11. 구   12. 일
13. 학   14. 오   15. 년   16. 생

17. ⑥   18. ⑧   19. ⑤   20. ⑦
21. ③   22. ①   23. ②   24. ④

25.나라 국 26.흰 백 27.여섯 륙 28.작을 소
29.어미 모 30.사람 인 31.북녘 북 32.마디 촌
33. 형 형 34.긴 장   35.계집 녀 36.가르칠 교

37. ④   38. ②   39. ⑥   40. ⑤   41. ⑩
42. ⑧   43. ①   44. ⑨   45. ⑦   46. ③

47. ②   48. ④

49. ①   50. ③

<제7회>

1.③   2.⑧   3.⑩   4.⑤   5.⑨   6.⑦
7.⑫   8.②   9.⑥   10.⑪   11.④   12.①

13.시   14.월   15.삼   16.일   17.오   18.뉴

19.⑤   20.④   21.①   22.③
23.⑦   24.⑧   25.⑥   26.②

27.푸를 청 28.두 이 29.사람 인 30.임금 왕
31.군사 군 32.아비 부 33.긴 장 34.마디 촌
35.흰 백 36.아우 제 37.계집 녀 38.배울 학

39.①   40.④   41.⑦   42.⑥
43.②   44.⑧   45.③   46.⑤

47.④   48.①

49.④   50.③

<제8회>

1. ②   2. ⑦   3. ④   4. ③
5. ⑤   6. ⑧   7. ①   8. ⑥

9. 오   10. 일   11. 생   12. 십
13. 민   14. 토   15. 대   16. 왕

17. ③   18. ⑦   19. ⑥   20. ②
21. ⑧   22. ⑤   23. ④   24. ①

25.푸를 청 26.먼저 선 27.밖 외 28.흰 백
29.석 삼 30.아비 부 31.남녘 남 32.아홉 구
33.배울 학 34.학교 교 35.집 실 36.한 일

37. ⑩   38. ①   39. ⑦   40. ⑥   41. ⑧
42. ③   43. ⑤   44. ④   45. ⑨   46. ②

47. ④   48. ①

49. ③   50. ②

<제9회>

1. ⑨   2. ⑧   3. ⑩   4. ⑥
5. ⑫   6. ②   7. ⑪   8. ④
9. ③   10. ③   11. ①   12. ⑤

13. ⑥ 14. ⑧ 15. ② 16. ① 17. ⑩
18. ④ 19. ⑨ 20. ③ 21. ⑤ 22. ⑦

23. ①   24. ⑪   25. ⑬   26. ⑩
27. ②   28. ⑧   29. ⑨   30. ⑫
31. ③   32. ⑦   33. ⑤   34. ⑥   35. ④

36.아홉 구 37.두 이   38.물 수   39.서녘 서
40.넉 사   41.아우 제   42.해 일   43.다섯 오
44.해 년   45.형 형   46.군사 군

47. ④   48. ①

49. ④   50. ②

<제10회>

1. ⑥   2. ②   3. ⑧   4. ④
5. ⑦   6. ③   7. ⑤   8. ①

9. 삼촌   10. 대학교   11. 이학년   12. 부모
13. 대왕   14. 산   15. 남   16. 북
17. 동   18. 서   19. 문

20. ⑧   21. ⑦   22. ⑥   23. ④
24. ③   25. ①   26. ⑤   27. ②

28.북녘 북 29.동녘 동 30.백성 민 31.집   실
32.서녘 서 33.군사 군 34.쇠   금 35.바깥 외
36.흰   백 37.남녘 남 38.열   십 39.계집 녀

40. ⑤ 41. ⑥ 42. ② 43. ④ 44. ① 45. ③

46. ② 47. ① 48. ③

49. ③   50. ①

< 정답 > - 한자어의 독음

1.여인   2.여왕   3.연장   4.연중   5.육십
6.모녀   7.부녀   8.장녀   9.사년   10.삼년
11.중년 12.청년 13.학년 14.만년 15.십일
16.시왕 17.시월 18.팔일 19.이팔 20.팔십
21.팔촌 22.유월 23.칠팔월 24.구시월 25.육이오
26.연년생 27.육학년 28.십오년 29.오륙십 30.오뉴월
31.생년월일 32.십중팔구

부록(附錄)

- 한자의 한글맞춤법
- 이름쓰기(학교·본인·부모·조부모·외조부모)
- 읽기장
- 부수자 일람표

8급에 나오는 한자(漢字)의 한글 맞춤법

< 소리에 관한 것 >

- **두음법칙**(頭音法則)은 우리말의 첫음절 소리가 'ㄹ'이나 'ㄴ'이 옴을 꺼리는 현상을 말한다.

① 한자음 '녀, 년, 륙'이 단어 첫머리에 올 적에는 '여, 연, 육'으로 적는다.

女人(여인) 女王(여왕) 年長(연장) 年中(연중) 年年生(연년생) 六十(육십)

六二五(육이오) 六學年(육학년)

② 단어의 첫머리 이외의 경우에는 본래의 음을 적는다.

母:女(모녀) 父女(부녀) 長:女(장녀) 四:年(사년) 三年(삼년) 生年月日(생년월일)

十五年(십오년) 中年(중년) 靑年(청년) 學年(학년) 萬:年(만년)

< 그 밖의 것 >

- 한자어에서 **본음**으로도 나고 **속음**으로도 나는 것은 각각 그 소리에 따라 적는다.

① **본음**(本音)은 한자의 원래부터의 음을 말한다.

五六十(오륙십) 十日(십일) 十中八九(십중팔구) 八日(팔일) 七八月(칠팔월)

二:八(이팔) 八十(팔십) 八寸(팔촌)

② **속음**(俗音)은 한자의 원래 음이 변하여 널리 통용되는 음을 말한다.

六月(유월) 五六月(오뉴월) 十王(시왕) 十月(시월) 初八日(초파일)

☞ 初(처음 **초**)는 5급에서 공부할 한자이지만 학습을 위해 빌려 썼습니다.

♣ 다음 한자어(漢字語)의 독음(讀音)을 쓰시오. ▶정답은 114쪽

1.女人　　2.女王　　3.年長　　4.年中
(　　　)　(　　　)　(　　　)　(　　　)

5.六十　　6.母:女　　7.父女　　8.長:女
(　　　)　(　　　)　(　　　)　(　　　)

9.四:年　　10.三年　　11.中年　　12.靑年
(　　　)　(　　　)　(　　　)　(　　　)

13.學年　　14.萬:年　　15.十日　　16.十王
(　　　)　(　　　)　(　　　)　(　　　)

17.十月　　18.八日　　19.二:八　　20.八十
(　　　)　(　　　)　(　　　)　(　　　)

21.八寸　　22.六月　　23.七八月　　24.九十月
(　　　)　(　　　)　(　　　)　(　　　)

25.六二五　　26.年年生　　27.六學年　　28.十五年
(　　　)　(　　　)　(　　　)　(　　　)

29.五六十　　30.五六月　　31.生年月日　　32.十中八九
(　　　)　(　　　)　(　　　)　(　　　)

♣ 초등학교(初等學校)를 한자(漢字)로 써 보시오.

初 처음 초	初 처음 초				
等 등급 등	等 등급 등				
學 배울 학	學 배울 학				
校 학교 교	校 학교 교				

♣ 학교(學校)의 이름을 한자(漢字)로 써 보시오.

校

校
학교 교

학교 교

♣ 자기의 **학년**(學年)을 한자(漢字)로 써 보시오.

第	第 차례 **제**					
차례 **제**						
學	學 배울 **학**					
배울 **학**						
年	年 해 **년**					
해 **년**						

♣ 자기의 **성명**(姓名)을 한자(漢字)로 써 보시오.

書
쓰다 서

書
쓰다 서

♣ 한자(漢字)의 훈음(訓音)을 가리고, 소리내어 읽어보시오.

8급

校	教	九	國	軍	金	南
학교 교	가르칠 교	아홉 구	나라 국	군사 군	쇠 금	남녘 남
女	年	大	東	六	萬	母
계집 녀	해 년	큰 대	동녘 동	여섯 륙	일만 만	어미 모
木	門	民	白	父	北	四
나무 목	문 문	백성 민	흰 백	아비 부	북녘 북	넉 사
山	三	生	西	先	小	水
메 산	석 삼	날 생	서녘 서	먼저 선	작을 소	물 수
室	十	五	王	外	月	二
집 실	열 십	다섯 오	임금 왕	바깥 외	달 월	두 이
人	一	日	長	弟	中	青
사람 인	한 일	날 일	긴 장	아우 제	가운데 중	푸를 청
寸	七	土	八	學	韓	兄
마디 촌	일곱 칠	흙 토	여덟 팔	배울 학	한국 한	형 형
火						
불 화						

부수자(部首字: 214자) 일람표(一覽表)

1 획
一 한 일
丨 뚫을 곤
丶 점 주
丿 삐칠 별
乙 새 을
亅 갈고리 궐

2 획
二 두 이
亠 머리부분 두
人亻 사람 인
儿 어진사람 인
入 들 입
八 나눌 팔
冂 멀 경
冖 덮을 멱
冫 얼음 빙
几 걸상 궤
凵 입벌릴 감
刀 칼 도
力 힘 력
勹 감쌀 포
匕 숟가락 비
匚 상자 방
匸 감출 혜
十 열 십
卜 점 복
卩㔾 병부 절
厂 언덕 한
厶 사사 사
又 손 우

3 획
口 입 구
囗 에워쌀 위
土 흙 토
士 선비 사
夂 뒤져올 치
夊 천천히 걸을 쇠
夕 저녁 석
大 큰 대
女 계집 녀
子 아들 자
宀 집 면
寸 마디 촌
小 작을 소
尢 절름발이 왕
尸 누울 시

屮 싹날 철
山 메 산
巛 내 천
工 장인 공
己 몸 기
巾 수건 건
干 방패 간
幺 작을 요
广 집 엄
廴 연이어 걸을 인
廾 두손 공
弋 주살 익
弓 활 궁
彐彑 돼지머리 계
彡 무늬 삼
彳 걸을 척

4 획
心 마음 심
戈 창 과
戶 지게문 호
手扌 손 수
支 나눌 지
攴攵 칠 복
文 글월 문
斗 말 두
斤 도끼 근
方 모 방
无 없을 무
日 해 일
曰 말할 왈
月 달 월
木 나무 목
欠 하품 흠
止 그칠 지
歹歺 남은뼈 알
殳 창 수
毋 말 무
比 견줄 비
毛 터럭 모
氏 뿌리 씨
气 기운 기
水氵氺 물 수
火灬 불 화
爪爫 손톱 조
父 아비 부
爻 점괘 효
爿 조각 장

片 조각 편
牙 어금니 아
牛牜 소 우
犬 개 견

5 획
玄 검을 현
玉王 구슬 옥
瓜 외 과
瓦 기와 와
甘 달 감
生 날 생
用 쓸 용
田 밭 전
疋 발 소
疒 병들 녁
癶 걸을 발
白 흰 백
皮 가죽 피
皿 그릇 명
目 눈 목
矛 창 모
矢 화살 시
石 돌 석
示 보일 시
禸 짐승발자국 유
禾 벼 화
穴 구멍 혈
立 설 립

6 획
竹 대 죽
米 쌀 미
糸 실 사
缶 장군 부
网罒罓罓罒 그물 망
羊 양 양
羽 날개 우
老耂 늙을 로
而 말이을 이
耒 쟁기 뢰
耳 귀 이
聿 붓 률
肉月 고기 육
臣 신하 신
自 코 자
至 이를 지
臼 절구 구
舌 혀 설

舛 어그러질 천
舟 배 주
艮 괘이름 간
色 빛 색
艸艹 풀 초
虍 범무늬 호
虫 벌레 충
血 피 혈
行 다닐 행
衣衤 옷 의
襾 덮을 아

7 획
見 볼 견
角 뿔 각
言 말씀 언
谷 골 곡
豆 콩 두
豕 돼지 시
豸 사나운짐승 치
貝 조개 패
赤 붉을 적
走 달릴 주
足 발 족
身 몸 신
車 수레 거(차)
辛 매울 신
辰 별 진
辵辶 갈 착
邑阝 고을 읍
酉 술 유
釆 분별할 변
里 마을 리

8 획
金 쇠 금
長 긴 장
門 문 문
阜阝 언덕 부
隶 미칠 체
隹 새 추
雨 비 우
靑 푸를 청
非 아닐 비

9 획
面 낯 면
革 가죽 혁
韋 다룸가죽 위
韭 부추 구

音 소리 음
頁 머리 혈
風 바람 풍
飛 날 비
食 밥 식
首 머리 수
香 향기 향

10 획
馬 말 마
骨 뼈 골
高 높을 고
髟 털늘어질 표
鬥 싸울 투
鬯 기장술 창
鬲 오지병 격
鬼 귀신 귀

11 획
魚 물고기 어
鳥 새 조
鹵 소금밭 로
鹿 사슴 록
麥 보리 맥
麻 삼 마

12 획
黃 누를 황
黍 기장 서
黑 검을 흑
黹 바느질할 치

13 획
黽 맹꽁이 맹
鼎 솥 정
鼓 북 고
鼠 쥐 서

14 획
鼻 코 비
齊 가지런할 제

15 획
齒 이 치

16 획
龍 용 룡
龜 거북 귀

17 획
龠 피리 약